旅人は、無人の広野で
猛虎に出会う

人生の目的

高森 顕徹 著

画 茂本 ヒデキチ

1万年堂出版

人生の目的

旅人は、無人の広野で猛虎に出会う

もくじ

もくじ

もくじ

もくじ

もくじ

第1章

私とは、どんな者か

「私とは、どんな者か」を、正しく知らねば、幸せにはなれない

最初のページのカラーの絵をご覧ください。これは、約二千六百年前、インドで活躍《かつやく》されたブッダが、大衆を前に説かれた「人間《にんげん》の実相《じっそう》」を描《えが》いた絵です。

怒濤逆巻《どとうさかま》く深海の上に、細い藤《ふじ》ヅルに、ぶら下がっている旅人の姿――。

これが、すべての人間の実相だと説かれた、ブッダの人間像です。

時は流れて、約二千四百年後。

「人間とは何ぞや」を追究するロシアの文豪《ぶんごう》トルストイが、ブッダのこの譬《たと》え話《ばなし》を知り「これは寓話《ぐうわ》どころの騒《さわ》ぎではなく、まことの、議論の余地のない、誰《だれ》もが承知している真理なのである」※と驚嘆《きょうたん》しています。

トルストイが衝撃《しょうげき》を受けた、ブッダの譬《たと》え話《ばなし》とは、どんなものだったのでしょうか。

ある時、ブッダの講演会の大衆にまじって、一国の王である、勝光王《しょうこうおう》が来場していました。

ブッダは、初めて仏《ほとけ》の教えを聴《き》く勝光王《しょうこうおう》に、優《やさ》しく語りかけるように話し始められました。

※『懺悔』トルストイ（著）中村融（訳）

まず「私とは、どんな者か」「人間とは如何《いか》なる者か」を、正確に理解しなければ、生きる目的も分からず、幸せになることもできないのです。

それで今日は、「私たち人間の実相」を譬《たと》えをもって話しましょう。

勝光王《しょうこうおう》よ、それは今から幾億年《いくおくねん》という、昔のことである。

ぼうぼうと草の茂《しげ》った、果てしない広野を、独《ひと》りトボトボと歩いてゆく旅人がいた。

季節は木枯《こが》らしの吹《ふ》く淋《さび》しい夕暮れだった。

やがて家路を急ぐ旅人に、ウス暗い広野の道に点々と散らばっている白い物が目につき始め、思わず立ち止まった。

一体、なんだろうと、その白い物を一つ手にとった旅人は驚《おどろ》いた。人間の白骨ではないか。

火葬場《かそうば》でもない、墓場でもない広野の道に、なぜ、こんなに人間の白骨が散らばっているのか。

不気味に感じた旅人は、あたりを見わたして立ちすくんだ。

やがて間もなく前方から近づいてくる、異様な唸《うな》り声《ごえ》と足音らしいものが聞こえてきた。

耳をそばだてて旅人は、ウス闇《やみ》を透《す》かして前方を凝視《ぎょうし》すると、見るからに獰猛《どうもう》そうなトラが、こちらに向かって近づいてくるようだ。

旅人は、とっさに直感した。

散らばっている白骨は自分と同じように、この広野を行った旅人が、あのトラに食われた残骸《ざんがい》に違《ちが》いない。

彼《かれ》らと同じ運命が、刻々と我《わ》が身《み》にも迫《せま》っている危機を察した旅人は、無《む》我《が》夢《む》中《ちゅう》で今来た道をUターンし、力の限り走り続けた。

初めは出稼《でかせ》ぎで獲《え》た金銀財宝の荷物を背負ったままで走っていたが、やがて、それら、すべてを道端《みちばた》に投げ捨てて走り続けた。

しかし、所詮《しょせん》はトラと人間とのかけっこである。

トラはどんどん距離《きょり》を縮めて迫《せま》って来《く》る。

やがてトラの吐《は》く激しい息遣《いきづか》いらしいものを感じ、もうだめかと旅人が観念した時である。どう道を間違《まちが》えたのか、旅人は断崖《だんがい》に追《お》い詰《つ》められていた。しめたとばかりにトラは悠々《ゆうゆう》と迫《せま》って来《く》る。

その時、ふと旅人が断崖《だんがい》に生えている大きな松の木を知り、あの木に登って難を逃《のが》れようかと一度は思ったが、トラはネコ科の動物、所詮《しょせん》は助からぬと断念した。

同時に旅人は、松の木の太い下枝から藤《ふじ》ヅルが絶壁《ぜっぺき》に垂れ下がっているのを目にした。

間髪《かんはつ》いれず旅人は、その藤《ふじ》ヅルを伝って滑《すべ》り下《お》りたのはいうまでもない。

文字通《もじどお》り旅人は、九死に一生を獲《え》てホッとした。

ひと息ついた旅人が頭上を見上げると、すでにトラは断崖《だんがい》に立ち、無念そうに旅人を見つめて吠《ほ》えている。

ヤレヤレ、この藤《ふじ》ヅルのおかげで助かったと安堵《あんど》した旅人が、やがて、アッと頓狂《とんきょう》な声をあげた。旅人のぶら下がっている藤《ふじ》ヅルの下には、怒濤逆巻《どとうさかま》く深海が広がり、絶壁《ぜっぺき》を絶えず激浪《げきろう》が洗っているのを見たからだ。

しかもだ。深海の波間から、青と赤と黒の三匹《びき》の毒竜《どくりゅう》が、上に向かって真《ま》っ赤《か》な口を開け、旅人の堕《お》ちてくるのを待ち構えているではないか。

あまりの恐《おそ》ろしい光景に身震《みぶる》いした旅人は、幾度《いくど》も藤《ふじ》ヅルを強く握《にぎ》りかえさずにはおれなかった。まさに「前門《ぜんもん》の虎《とら》、後門《こうもん》の狼《おおかみ》」で、旅人は絶体絶命に陥《おちい》ったのである。

しかし、人間の感情は、どんな恐怖《きょうふ》や悲しみも時が経《た》つにつれて薄《うす》れてゆく。

ジタバタしても仕方がないと開き直り、少しは心が鎮《しず》まった旅人は、激しい飢《う》えに襲《おそ》われていた。何か食べ物がないかと周囲を見わたし、ふと頭上を見上げた時である。

旅人が今まで見た、どんな怖《おそ》ろしい情景よりもショックな光景が飛《と》び込《こ》んできたのだ。

藤《ふじ》ヅルの元に、白と黒のネズミが現れ、藤《ふじ》ヅルを交互《こうご》にかじりながら回っているではないか。藤《ふじ》ヅルは、まさに旅人の命綱《いのちづな》である。このまま放置すれば、やがて白か黒のネズミに藤《ふじ》ヅルは噛《か》み切《き》られ、旅人は三匹《びき》の毒竜《どくりゅう》の餌食《えじき》になるのは必至である。

そんな大危機が刻々と迫《せま》っているのを知った旅人は、顔面蒼白《がんめんそうはく》、歯はガタガタと鳴り、身の震《ふる》えが止まらなかった。だが、そんな超緊迫《ちょうきんぱく》の恐怖《きょうふ》もまた、長くは続かなかったのだ。

何よりも早くネズミを追《お》い払《はら》わねばならぬと、旅人は必死に藤《ふじ》ヅルを揺《ゆ》さぶった。しかし、藤《ふじ》ヅルをかじるネズミのテンポには、いささかの変化も見られない。

ただ、藤《ふじ》ヅルを揺《ゆ》さぶるたびに何かが落ちてくる。旅人がふと手のひらに受けてみると、なんと、それはハチミツではないか。

藤《ふじ》ヅルの元に、ミツバチが巣を作っていたのだ。激しく藤《ふじ》ヅルを揺《ゆ》らしたので、その巣からミツが滴《したた》り落《お》ちてきたのである。

飢餓状態《きがじょうたい》に苦しんでいた旅人は、ひと舐《な》めしたハチミツの美味に五臓六腑《ごぞうろっぷ》が溶《と》かされた。

心身ともにハチミツの虜《とりこ》となった旅人は、我《わ》が身《み》に迫《せま》る幾多《いくた》の危機も忘れて、ただ、多くのハチミツを落として、大いに楽しむことしか考えられなくなっていた。

ブッダが、ここまで話されると勝光王《しょうこうおう》が驚《おどろ》き立ち上がって尋《たず》ねた。

「ブッダ、なんと恐《おそ》ろしい話でしょうか。それ以上、聴《き》いてはおれません。その旅人は、なんと愚《おろ》か者《もの》でしょう。窮地《きゅうち》の我《わ》が身《み》を知りながら、ハチミツなんぞに、なぜ一心になれるのか。バカバカしくて聴《き》いてはおれません」

あきれる勝光王《しょうこうおう》に、ブッダは静かにおっしゃいました。

「勝光王《しょうこうおう》よ、よく聞かれるがよい。この旅人は、そなたのことでもあるのですよ」

「えっ、どうして私が……」

「いや、そなた、だけのことではありません。古今東西、すべての人間の姿なのです」

ブッダの言葉に聴衆《ちょうしゅう》は一斉《いっせい》に驚《おどろ》き、総立ちになりました。

ブッダは、大衆の静まるのを待たれてから、譬《たと》えのそれぞれが、何を物語っているかを、懇《ねんご》ろに説き始められました。

第2章

ブッダのたとえは、何を物語っているか

1 無人の広野を独り行く旅人

「無人の広野を独《ひと》り行く旅人」とは、古今東西、すべての人のことです。世間の歌などにも人間を「旅人」に例えられているのは珍《めずら》しくはありません。昨日から今日、今日から明日へと私たちは旅をしている人に似ています。

旅の道中は晴天ばかりではありません。雨、風、雪の日もあれば、台風に襲《おそ》われることもありましょう。

また道には上り坂もあれば、下り坂もあります。人生の旅にも調子の良いことばかりではありません。悲しいことやら辛《つら》いこと、苦境に立たされることもあるでしょう。

この孤独は、どこからくるのか

まさに人生の旅もいろいろですが、すべての旅人には共通点があります。それは、みんな独《ひと》りぼっちで孤独《こどく》だということです。

〝それは、おかしい〟オレには親もいれば兄弟もいる、妻や子供もいれば親友もいる。決して独《ひと》りぼっちじゃないよ、と反論される方もありましょう。

なるほど、肉体上はおっしゃるとおりでしょうが、私たちの心の底には誰《だれ》にも打ち明けられない秘密の蔵《くら》を持っていると、ブッダは言われています。

だから肉体は、どんな多くの人に囲まれていても、つねに孤独《こどく》で淋《さび》しいものが心の中にあるのでしょう。

まさに「無人の広野を独《ひと》り行く旅人」の感じなのです。

ブッダは、その孤独《こどく》を以下のように説かれています。

独生独死《どくしょうどくし》（独《ひと》り生まれ、独《ひと》り死ぬ）
独去独来《どっこどくらい》（独《ひと》り去り、独《ひと》り来る）　（大無量寿経《だいむりょうじゅきょう》）

私たちは生まれた時も独《ひと》りなら、死んでいく時も独《ひと》りです。独《ひと》りで来て独《ひと》りで去らねばならぬのです。

始めから終わりまで、独《ひと》りぼっちの孤独《こどく》が、私たちだと教えられています。

「出会いがあれば、必ず別れがやってくる」

平成十一年、日本最高の知性ともいわれた江藤淳《えとうじゅん》が、六十六年の生涯《しょうがい》に自ら終止符《しゅうしふ》を打ちました。鎌倉《かまくら》の自宅で倒《たお》れているのを発見されたのは、慶子《けいこ》夫人を亡《な》くして一年にも満たない日のことでした。

「家内の死と自分の危機とを描《えが》き切《き》りたい」と筆を執《と》った『妻と私』は、事実上の遺書といわれます。

誰《だれ》にいうともなく家内は、「もうなにもかも、みんな終《おわ》ってしまった」と、呟《つぶや》いた。

その寂寥《せきりょう》に充《み》ちた深い響《ひび》きに対して、私は返す言葉がなかった。実は私もまた、どうすることもできぬまま「みんな終《おわ》ってしまった」ことを、そのとき心の底から思い知らされていたからである。（中略）

薬のせいで気分がよいのか、家内が穏《おだ》やかな微笑《びしょう》を浮《うか》べて私を見詰《みつ》め、

「ずい分いろいろな所へ行ったわね」

といった。（中略）

「本当にそうだね、みんなそれぞれに面白《おもしろ》かったね」

と、私は答えたが、「また行こうね」とは、どうしてもいえなかった。

そのかわりに涙《なみだ》が迸《ほとばし》り出《で》て来《き》たので、私はキチネットに姿を隠《かく》した。

（江藤淳『妻と私』）


夫人が亡《な》くなり、生きる目標がなくなって残ったのは、死を待つだけの孤《こ》独《どく》な時間でした。

家内の生命が尽《つ》きていない限りは、生命の尽《つ》きるそのときまで一緒《いっしょ》にいる、決して家内を一人ぼっちにはしない、という明瞭《めいりょう》な目標があったのに、家内が逝《い》ってしまった今となっては、そんな目標などどこにもありはしない。ただ私だけの死の時間が、私の心身を捕《とら》え、意味のない死に向《むか》って刻一刻と私を追《お》い込《こ》んで行くのである。

（江藤淳『妻と私』）

やるせない哀感《あいかん》が描《えが》かれた手記は、短期間に反響《はんきょう》を呼びました。

作家・高井有一《たかいゆういち》は、死の二カ月前、江藤淳《えとうじゅん》のこんな言葉を聞いています。

「夜はまだいいが、昼間一人で家にいるのが耐《た》えられない。家の中が隅《すみ》ずみまで見えると、その空虚《くうきょ》さが身に応《こた》える」

ブッダの教えに「会者定離《えしゃじょうり》」という言葉があります。会った者には必ず離《はな》れる定めがある、ということです。

夫婦《ふうふ》や恋人《こいびと》、パートナー、親子、親友などとの出会いがあれば、必ず別離《べつり》の時がやってくるのです。自分の死ぬ時には大事な人たちと永久の別れが必ず来るのです。

「一緒に居ても相手にされない、
独りぼっちの淋しさは耐えがたい」

家族に囲まれていれば、独《ひと》りぼっちの孤独感《こどくかん》は少しは薄《うす》らぐかもしれません。

しかし、老人の自殺率が一番高いのは、三世代同居のケースだという調査結果もあります。孤独《こどく》も辛《つら》いですが、一緒《いっしょ》に居ても相手にされない、独《ひと》りぼっちの淋《さび》しさは耐《た》えがたい苦しみのようです。

❖　❖　❖

黒澤明監督《くろさわあきらかんとく》の映画「生きる」に、こんな場面があります。

主人公・渡辺勘治《わたなべかんじ》は、市役所の市民課長。ある日、耐《た》え切《き》れぬ胃の痛みに仕事を休んで病院へ行くと、末期の胃ガンが判明しました。死の恐怖《きょうふ》におびえる人が、まず頼《たよ》りとするのは家族です。

彼《かれ》は早くに妻と死に別れ、男手一つで子供を育ててきた。息子《むすこ》だけが明かりでした。

家に戻《もど》り相談しようと息子《むすこ》の部屋《へや》で待っていると、外出先から帰ってきた夫婦《ふうふ》の会話が聞こえてきました。

息子《むすこ》は父親の退職金を当てにして、妻と二人だけの新居を建てようとしているのでした。ガックリと肩《かた》を落とし、病気を打ち明けることすらもできませんでした。

暗くて寒々とした部屋《へや》に閉じこもると、二階の息子《むすこ》夫婦《ふうふ》の部屋《へや》からは陽気な音楽が流れてきます。それが彼《かれ》の絶望と孤独感《こどくかん》を一層かきたてました。

妻との死別後、再婚話《さいこんばなし》もあったが子供のためにと断って、黙々《もくもく》と働いてきたはずだった。

父と子の絆《きずな》が思い出としてよみがえってくる。

早逝《そうせい》した妻の亡骸《なきがら》を運ぶ霊柩車《れいきゅうしゃ》を息子《むすこ》と二人、じっと見守ったあの日。

息子《むすこ》が野球で活躍《かつやく》する姿を見守っていたあの日。

病気で手術室へ運ばれていく息子《むすこ》を励《はげ》ましたあの日。

あの頃《ころ》のわが子は父一人を頼《たよ》りにし深い愛情で結ばれていた。

しかし、今となっては夢でしかない。

ワラにもすがる思いの親が、子供を頼《たよ》ろうとした時、もう、子供の心は離《はな》れてしまっていました。主人公は布団《ふとん》に潜《もぐ》り込《こ》み、うめくように泣くだけでした。


「どれだけ大勢の人に囲まれていても、どこか淋しい」


自分には、ちゃんと分かり合える伴侶《はんりょ》がいるから、私には大事にしてくれる家族がいるから、長い付き合いの親友がいるから、少なくとも今は孤独《こどく》ではない、という方もあるかもしれません。

しかし、ブッダは、どんなに信頼《しんらい》できる人が近くにいようとも、私たちの魂《たましい》は常に独《ひと》りぼっちで、淋《さび》しいのだと教えられています。どれだけ大勢の人に囲まれていても、どこか淋《さび》しい心があるのです。

芥川龍之介《あくたがわりゅうのすけ》は自殺する前に、「たくさんの人が集まっているが、オレは淋《さび》しい」と言っています。

私たちは自分を深く理解してくれる人を求めます。そして、そんな人を信《しん》頼《らい》し親しくなっていきます。

しかし、そんな親子、夫婦《ふうふ》、親友であっても、心の中を一切《いっさい》隠《かく》さずに、さらけ出すことができるでしょうか。誰《だれ》もが何人《なんびと》にも言えない孤独《こどく》の心を持っているのです。

ブッダは、「すべての人が孤独《こどく》な淋《さび》しさを隠《かく》して、賑《にぎ》やかそうに振《ふ》る舞《ま》ってはいるが、本心は常に淋《さび》しさを紛《まぎら》わすために苦心惨憺《くしんさんたん》、旅行に行ったり、美味《おい》しい物を食べたり、音楽や美術を鑑賞《かんしょう》したりしている。祭りやイベントで大勢の人が集まれば、少しは孤独《こどく》な淋《さび》しさを忘れられないかと努めているが、効果は一時的にしか見られないだろう」と言われています。

ブッダは、何をしても紛《まぎ》らわすことができぬのは「心に秘密の蔵《くら》」があり、その蔵《くら》の扉《とびら》を開かねば、一時の喜びや楽しみが終わったあとの孤独感《こどくかん》は、「歓楽尽《かんらくつ》きて、哀情多《あいじょうおお》し」で、一層、募《つの》るだけだと教えられています。

ブッダは、私たち人間を、広野を独《ひと》りぼっちでトボトボと歩いている旅人に例えられていますが、そんな孤独《こどく》の旅は未来永遠に続くであろうとも説かれています。

2 広野に散らばる白骨

「広野に散らばる白骨に驚《おどろ》く旅人」

家路を急ぐ旅人が、ウス暗い広野の道に点々と散らばっている白いモノに気づき、思わず立ち止まった。

何だろうと旅人は、その白いモノを一個拾って驚《おどろ》いた。人間の白骨ではないか。

旅人が広野に散らばっている白骨を拾って驚《おどろ》いたとは、私たちが、日常、知人や友人などの突然《とつぜん》の死亡を聞いたり、見たりした時の驚《おどろ》きを例えられているのです。

テレビやラジオ、インターネットなどで、世の中のニュースを瞬時《しゅんじ》に知ることができる今日《こんにち》では、日々、戦争やテロ、災害や事故、病気などでの死亡の報道が流れます。それが遠国の方よりも、身近な知人や友人ほど私たちは強い衝撃《しょうげき》を受けるでしょう。

「自分も、こんな白骨になるのか」

旅人が広野で白骨を拾ったのは、日暮れの近いウス暗い頃《ころ》のことでした。立ちどまった旅人は首を傾《かし》げて考えます。

こんな墓場でも、火葬場《かそうば》でもない処《ところ》に？

なぜ人間の白骨が散らばっているのだろう。

一時、立ちすくんで考えた旅人は、やがて我《わ》が身《み》と同様に、この広野の道を行った旅人の白骨に相違《そうい》ないと思えてきた。

そう判断した旅人は、自分もやがてこんな白骨になるのかと慄然《りつぜん》とした。

すると遥《はる》か前方から異様な唸《うな》り声《ごえ》と足音が聞こえてきた。何者かとウス闇《やみ》を透《す》かして前方を凝視《ぎょうし》すると獰猛《どうもう》そうな大虎《おおとら》が、こちらに向かって来るのが窺《うかが》えた。

とっさに旅人は、散らばっている白骨は、あのトラに食われた者の残骸《ざんがい》に違《ちが》いないと確信した。

今日《こんにち》、テレビやラジオ、新聞などで、日々死亡する方を見聞きする私たちは、あたり一面、白骨の散らばる広野を行く、旅人と同じと言えるかもしれません。

浄土真宗《じょうどしんしゅう》の蓮如上人《れんにょしょうにん》は『白骨《はっこつ》の御文章《ごぶんしょう》』に、

「朝《あした》には紅顔《こうがん》ありて、夕《ゆう》べには白骨《はっこつ》となれる身《み》なり」

と、生々しい白骨の広野の情景を説かれています。

朝方は笑顔《えがお》で出かけた主人の死亡を、夕方に知らされて驚嘆《きょうたん》し、悲泣悶絶《ひきゅうもんぜつ》されたご家族もありましょう。

続いて蓮如上人《れんにょしょうにん》は、こう諭《さと》されています。

すでに無常《むじょう》の風来《かぜき》たりぬれば、すなわち、二《ふた》つの眼《まなこ》たちまちに閉《と》じ、一《ひと》つの息《いき》ながく絶《た》えぬれば、紅顔《こうがん》むなしく変《へん》じて桃李《とうり》の装《よそお》いを失《うしな》いぬるときは、六親《ろくしん》・眷属《けんぞく》集《あつ》まりて歎《なげ》き悲《かな》しめども、さらにその甲斐《かい》あるべか

らず。（中略）
野外《やがい》に送《おく》りて夜半《よわ》の煙《けむり》となし果《は》てぬれば、ただ白骨《はっこつ》のみぞ残《のこ》れり。あわれというもおろかなり。（白骨《はっこつ》の御文章《ごぶんしょう》）

五十歳近くになったロシアの文豪《ぶんごう》トルストイも、近辺に無数に散らばる白骨から、やがて自分にもやってくる死の影《かげ》に驚《おどろ》いて、以下のように書き残しています。

こんなことが、よくも当初においてて理解できずにいられたものだと、ただそれに呆《あき》れるばかりだった。こんなことはいずれも、とうの昔から誰《だれ》にでも分かりきった話ではないか。きょうあすにも病気か死が、愛する人たちや、私の上に訪《おとず》れれば（すでに、いままでもあったことだが）

死臭《ししゅう》と蛆虫《うじむし》のほか、何ひとつ残らなくなってしまうのだ。私の仕事などは、たとえどんなものであろうと、すべては早晩忘れ去られてしまうだろうし、私もなくなってしまうのだ。とすれば、なにをあくせくすることがあろう？

よくも人間は、これが眼《め》に入らずに生きられるものだ――これこそ、まさに驚《おどろ》くべきことではないか！　生に酔《よ》いしれている間だけは生きても行けよう、が、さめてみれば、これらの一切《いっさい》が――ごまかしであり、それも愚《おろ》かしいごまかしであることに気づかぬわけにはいかないはずだ！

（トルストイ著、中村融訳『懺悔』）

3 追いかけてくるトラ

「トラ」とは無常（死）のことであり、「追いかけてくる」とは、突然《とつぜん》襲《おそ》ってくることを表しています。

死は万人《ばんにん》の確実な未来だが、まじめに考えている人は極《きわ》めて稀《まれ》なようです。肉親や知人、友人などの突然《とつぜん》の死にあって、否応《いやおう》なしに考えさせられる時は、身の震《ふる》えるような恐怖《きょうふ》や不安を感ずることがあっても、あくまでも一過性ではないでしょうか。

すぐに目の前の仕事や人間関係、病気や介護《かいご》、子育てや金銭問題などに心は埋《う》めつくされていきます。

「死は、突然、背後から襲ってくる」

たとえ自分の死を確実な未来と納得《なっとく》していても、まだまだ後のことだと先送りして、日々、忙《いそが》しい忙《いそが》しいと追い立てられ、あえて自分の死を考えないようにしています。

しかし、そんな私たちの背後には、トラが足音しのばせて近づいているのです。

そしてある時、突然《とつぜん》、背後から猛然《もうぜん》と襲《おそ》いかかってくるのが死です。死は万人《ばんにん》の確実な未来であるだけではなく、いつやってくるか分からぬ厄介者《やっかいもの》でもあるのです。

鎌倉時代《かまくらじだい》の古典『徒然草《つれづれぐさ》』には、「死は前よりしもきたらず、かねて後《うしろ》にせまる」と戒《いまし》めています。

必ず前から来る死であれば「もうすぐ来るぞ」と心構えができますが、気づかれないように後ろから近づいてくるのが死だと忠告しているのです。

ブッダの教えに「**老少不定**《ろうしょうふじょう》」という言葉があります。

「老《ろう》」（年長者）が先《ま》ず死んで、「少《しょう》」（若い人）が後に死ぬとは決まっていないことを言われます。

高齢者《こうれいしゃ》から順に死ぬのなら、若者は「まだ大丈夫《だいじょうぶ》」と安心できましょう。

しかし現実は、年老いた親よりも先に、働《はたら》き盛《ざか》りの若者が突然死《とつぜんし》することも珍《めずら》しくありません。青年や子供が災害や事故などで、命を落としているのも周知の事実です。

年齢《ねんれい》を問わず、すべての人は死と背中合わせに生きていると言えるでしょう。

ガンと十年闘《たたか》い、世を去った岸本英夫《きしもとひでお》（東大・宗教学教授）は、死はまさに突然襲《とつぜんおそ》ってくる暴力だと、闘病記《とうびょうき》に残しています。

死は、突然《とつぜん》にしかやって来ないといってもよい。いつ来ても、その当事者は、突然《とつぜん》に来たとしか感じないのである。

生きることに安心しきっている心には、死に対する用意が、なにもで

きていないからである。（中略）
死は、来るべからざる時でも、やってくる。来るべからざる場所にも、平気でやってくる。ちょうど、きれいにそうじをした座敷《ざしき》に、土足のままで、ズカズカと乗《の》り込《こ》んでくる無法者のようなものである。
それでは、あまりムチャである。しばらく待てといっても、決して、待とうとはしない。人間の力では、どう止めることも、動かすこともできない怪物《かいぶつ》である。

（岸本英夫『死を見つめる心』）

私たちは、「やがて死ななければならないことぐらいは分かっている」と言いますが、「明日は死なないだろう」と思っています。
「明日は死なない」と思っている心は、次の日になっても、また「明日は死なない」と思う心です。次の日になっても、また「明日は死なない」と思います。

いつまでたっても自分の影《かげ》を踏《ふ》めないように、いつまでたっても「明日死ぬ」とは思えないのです。

やがて、必ず死なねばならぬ人間が、いつまでも死なないように思って生きているのではないでしょうか。

そんな私たちに突然《とつぜん》やってくるのが、死なのです。「もうすぐ息子《むすこ》が結婚《けっこん》する予定だったのに」「孫の成長を見たかったのに」「やり残したことがあったのに……」など、私たちの都合には全くお構いなく、情《なさ》け容赦《ようしゃ》のないトラ（無常）が、突然《とつぜん》、襲《おそ》いかかってくるのです。

ブッダは、死の影《かげ》に驚《おどろ》く人を四通りの馬に例えて教えられています。

(1)鞭影《べんえい》を見て驚《おどろ》く馬
(2)鞭《むち》、毛に触《ふ》れて驚《おどろ》く馬
(3)鞭《むち》、肉に当たって驚《おどろ》く馬
(4)鞭《むち》、骨にこたえて驚《おどろ》く馬

一番目の「鞭影《べんえい》を見て驚《おどろ》く馬」とは、騎手《きしゅ》の振《ふ》り上《あ》げたムチの影《かげ》を見て驚《おどろ》き走る馬である。

火葬場《かそうば》に立《た》ち昇《のぼ》る煙《けむり》を見て「今日も人が死んだのか」と知り、やがて我《わ》が身《み》にも襲《おそ》いかかる死に驚《おどろ》く人をいいます。無常に敏感《びんかん》な人でしょう。

二番目の「鞭《むち》、毛に触《ふ》れて驚《おどろ》く馬」とは、騎手《きしゅ》のムチが馬の毛に触《ふ》れただけで走る馬である。

葬式《そうしき》の行列や霊柩車《れいきゅうしゃ》を見て、オレも死んでゆかねばならんのだなぁと、我《わ》が身《み》の死に驚《おどろ》く人です。

三番目の「鞭《むち》、肉に当たって驚《おどろ》く馬」とは、親戚《しんせき》や隣家《りんか》の葬式《そうしき》を眼前に見て、我《わ》が身《み》の死に驚《おどろ》く人です。

四番目の「鞭《むち》、骨にこたえて驚《おどろ》く馬」とは、騎手《きしゅ》のムチで肉が破れ、骨に届くまで打たれて、やっと走りだす馬のことである。

肉親を失って初めて我《わ》が身《み》の死に驚《おどろ》く人です。

果たして私たちは四通りの馬の、どれに当たるでしょうか。感じ方の差こそあれ、私たちが他人の死に驚《おどろ》くのは、やがて自分も死んでいかねばならぬことを意識させられるからではないでしょうか。

「いつまでも他人の葬式ばかりではない」

「鳥辺山《とりべやま》　昨日《きのう》の煙《けむり》　今日《きょう》もたつ
　眺《なが》めて通《とお》る　人《ひと》もいつまで」

鳥辺山《とりべやま》とは、現在の京都市内の、かつての地名で火葬場《かそうば》のあった処《ところ》です。日々、その近辺を通る人が、昨日も煙《けむり》がたっていたが「今日もかぁ、よく人は死ぬのだなぁ」と、眺《なが》めて通ります。

翌日も、また煙《けむり》がたっていた。

「まぁ、よく死ぬ人があるもんだなぁ」と、その日も眺《なが》めて通りました。

しかし、その人々も何時《いつ》まで他人の焼かれる煙《けむり》を眺《なが》めていられるのだろうか。やがて我《わ》が身《み》が焼かれる煙《けむり》を、眺《なが》められる時が来るだろうに、と詠《よ》まれているのです。

歳《とし》を重ねると葬式《そうしき》に参列する機会も増えますが、いつまでも他人の葬式《そうしき》ばかりではないのです。やがて、わが身の葬式《そうしき》に他人が訪《おとず》れることがあるのです。

今日も交通事故で亡《な》くなる人もあるでしょう。今朝《けさ》が自分の最後の日だと泣きながら、洗面した方があったでしょうか。

いつもと変わらぬ朝を迎《むか》えた人に突然《とつぜん》、終末が訪《おとず》れることがあるのです。

「オレは、いつ死んでもいいと思っている」「死ぬことなんか、なんともない」と、安易に語られる方もありますが、他人の死や、想像している死とは大違《おおちが》いなのです。

「今までは　他人《ひと》のことぞと　思うたに
　オレが死ぬとは　こいつぁたまらぬ」

眺《なが》めている他人の死と、眼前に迫《せま》った自己の死は、動物園のトラと、山中で出くわしたトラほどの違《ちが》いがあるといわれます。

他人の死は、オリの中のトラを見ているにすぎません。山中で突然《とつぜん》、出会ったトラではないのです。

ティリッヒ（ドイツの哲学者《てつがくしゃ》）は、『生きる勇気』の中で、人間は一瞬《いっしゅん》たりとも死そのものの「はだかの不安」には、耐《た》えられないと言いました。

核戦争《かくせんそう》が怖《こわ》い、地震《じしん》が恐《おそ》ろしい、環境問題《かんきょうもんだい》が心配などといわれても、その根底に「死」があるからではないでしょうか。

死と真っ正面に向きあうのは、あまりにも恐《おそ》ろしいので、病気にならないように食事・運動・睡眠《すいみん》に気を遣《つか》ったり、健康診断《けんこうしんだん》を受けたり、地震《じしん》や台風などの自然災害に備えたりして、死のトラから逃《に》げるのに懸命《けんめい》なのです。

いよいよトラに追いつめられた旅人は、出稼《でかせ》ぎで汗《あせ》と膏《あぶら》で得た金銀財宝も投げ捨てました。

戦後、テレビが普及《ふきゅう》し始《はじ》めた頃《ころ》、特に人気があったのはプロレスでした。当時、プロレスラーの力道山《りきどうざん》は、世界の強豪《きょうごう》を空手チョップで、バッタバッタとなぎ倒《たお》し、世界チャンピオンにまでなり、多くの日本人を喜ばせました。

力道山《りきどうざん》は資産家で、アメリカにも広大な土地を所有し、連れていった妻に飛行機から地上を見下ろし「あそこから、あそこまでがオレの土地だ」と豪語《ごう》したそうです。

その彼《かれ》が、飲食店でのトラブルから、腹部を刺《さ》されたことがもとで三十代で亡《な》くなりました。

その手術を担当した医師に「金はいくらでも出す、命だけは助けてくれ」と哀願《あいがん》したといわれます。

力道山《りきどうざん》に限らず、誰《だれ》しも死を前にすれば、同じ心になるのではないでしょうか。

だが彼《かれ》の願いも叶《かな》わず、亡《な》くなりました。

ブッダは、「旅人は、永らく汗水《あせみず》流して稼《かせ》いだ金銀財宝を、すべて投げ捨てて逃《に》げた」と言われています。

しかし、何人《なんびと》もトラから逃《に》げ切《き》ることはできないのです。核戦争《かくせんそう》や環境問題《かんきょうもんだい》などで人類が滅亡《めつぼう》するのでないかの声もありますが、たとえそのようなことがなくても、今生きている人が百五十年も経《た》てば、全員死亡するのです。

たとえ子孫が生き残ったとしても、我《わ》が身《み》もやがて死んでゆくという事実を、厳粛《げんしゅく》に凝視《ぎょうし》する必要があるのではないでしょうか。

私たち一人一人の背後には、刻々と「死」というトラが迫《せま》っています。このトラに噛《か》み殺《ころ》されるのは、今日か明日かもしれません。

だが、そんな自覚などは全くなしに生きているのが私たちなのです。

4

断崖上の松の木

「断崖絶壁《だんがいぜっぺき》まで追いつめられた旅人は、断崖上《だんがいじょう》に生えていた松の木に登り、トラから逃《のが》れようかと思ったが断念した。トラは木登りが得意なことに気づいたからだった」

「松の木」に例えられたのは、日頃《ひごろ》、頼《たよ》りにしている家族や財産、お金や健康、能力や社会的地位などです。

いずれも生きていくには大事で必要なものだが、どれだけ、それらに恵《めぐ》まれていても、死（トラ）から逃《のが》れることはできません。

ブッダは、それをこんな例えで示唆《しさ》されています。

❖　❖　❖

ある大金持ちの男が、三人の妻を持っていた。

中でも第一夫人を最もかわいがり、寒いと言えば直ちに暖かくし、暑いと言えば直ちに涼《すず》しくして、贅沢《ぜいたく》の限りを尽《つ》くさせ一度も機嫌《きげん》を損《そこ》なうことはなかった。

第二夫人は、第一夫人ほどではなかったが、種々な苦労をし、激しく他人と争ってまで手に入れた妻だったので、何処《どこ》にも行かぬようといつも側《そば》に置いていた。

第三夫人は、とても淋《さび》しい時や悲しい時、困った時だけ呼び寄せる程度の愛でした。

ところが、やがて男が不治の病に罹《かか》り、病床《びょうしょう》に臥《ふ》すようになりました。刻々と迫《せま》る死の影《かげ》に怯《おび》えた彼《かれ》は、第一夫人を呼んで、心中の淋《さび》しさを訴《うった》え、死出《しで》の旅路《たびじ》の同伴《どうはん》を頼《たの》んだ。

それを聞いた第一夫人は「ほかのこととは違《ちが》って、死の道連れだけはお受けすることはできません」と、キッパリ断った。

あまりに素っ気ない返事に男は、絶望の渕《ふち》に突《つ》き落《お》とされたような悲哀《ひあい》な心地《ここち》になった。

しかし男は、どうにも耐《た》えられぬ淋《さび》しさに、恥《はじ》を忍《しの》んで第二夫人に訴《うった》えてみようと決意した。

すると「貴方《あなた》が、あれほど愛されていた第一夫人さえも断られたじゃありませんか。私も真っ平ごめんでございます。貴方《あなた》が私を求められたのは、貴方《あなた》の勝手です。私から求めた覚えはありません」

案の定、第二夫人の返事も冷淡《れいたん》なものでした。

恐《おそ》る恐《おそ》る男は、第三夫人にすがってみた。

すると意外にも「日頃《ひごろ》の御恩《ごおん》は決して忘れてはいませんから、村はずれまではご一緒《いっしょ》させていただきましょう。でも、その後は勘弁《かんべん》してくださいませ」と、突《つ》き放《はな》されてしまいました。

「最期は、すべてから見放されて、
　独り、死出の山路を行かなければならない」

ブッダが、この例えで教えられたことは、なんだったのでしょうか、解説しましょう。

第一夫人とは、肉体のことです。肉体とは、死ねば病床《びょうしょう》でお別れです。

第二夫人は金銀財宝です。それらとは、出棺《しゅっかん》の時に決別しなければなりません。

第三夫人とは、家族や親戚《しんせき》、友人などです。これらの人たちは、火葬場《かそうば》までは来てくれても、その先は連れになってはくれません。

肉体さえ大事にしていれば、楽しく長生きできるだろう。お金や財産さえあれば衣食住の心配はなかろう。たとえ大病に罹《かか》っても家族が看病してくれるから大丈夫《だいじょうぶ》だろうと、いざという時に頼《たよ》りになるものを集めて私たちは、安心しようとしています。

しかし、どんなに健康な体を持ち、お金や地位や名誉《めいよ》、家族や友人たちに恵《めぐ》まれていても、最期《さいご》は、それらすべてから見放されて、独《ひと》り死出《しで》の山路《やまじ》を行かなければならないのです。

「夢の中　集めた宝　みな置いて
　業《ごう》を荷《に》のうて　一人出てゆく」

人生は一朝《いっちょう》の夢《ゆめ》ですよ。これも大事、あれも大事と集めた宝をみな置いて、それらを収集するのに造った悪業《あくごう》だけを背負って、一人死んで行かねばなりません。

旅人が「松の木に登っても、トラからは逃《のが》れられない」と断念したのは、正解だったと言えましょう。

5

細い藤ヅル

「旅人は、松の木の太い下枝から絶壁《ぜっぺき》に垂れ下がっている藤《ふじ》ヅルを発見、即刻《そっこく》その藤《ふじ》ヅルにすがってスルスルと滑《すべ》り下《お》りた」

旅人がすがって下りた細い藤《ふじ》ヅルは、私たちの短い寿命《じゅみょう》を例えられています。

ブッダは、人間の寿命《じゅみょう》は太いワイヤーロープのようなものではなく、いつ切れるか分からぬ極《きわ》めて細い藤《ふじ》ヅルのようなものだと言われています。

医療技術《いりょうぎじゅつ》などの進歩で、人間の平均寿命《へいきんじゅみょう》は延び続けていると言われていても、長くても百年くらいのものでしょう。

樹齢《じゅれい》何千年とか、四十六億年などと言われる地球の歴史と比べれば、たとえ百年生きたとしても瞬間《しゅんかん》の寿命《じゅみょう》と言えるでしょう。

ブッダは、短い私たちの寿命《じゅみょう》を細い藤《ふじ》ヅルに例えられています。

これから二十年と聞けば、ずいぶん長いように感じますが、「過ぎ去った二十年を振《ふ》り返《かえ》ると、アッという間であった」と思われる方も多いのではないでしょうか。

もし、それが八十年だったとしても「あっ、あっ、あっ、あっ」で終わるのが人生なのです。

「命の短さを感ずるほど、人間らしい生き方ができる」

ブッダが、修行者《しゅぎょうじゃ》たちに人間の命の長さを尋《たず》ねられたことがありました。

最初の修行者《しゅぎょうじゃ》は、「命の長さは五、六日間ぐらいでありましょう」と答えると、次の修行者《しゅぎょうじゃ》は「五、六日なんてありません。食事をする間ぐらいでありましょう」と反論した。

最後の修行者《しゅぎょうじゃ》は「いやいや、命の長さは一息つく間もありません」との即《そく》答《とう》でした。

ブッダは、最後の修行者《しゅぎょうじゃ》の返答を大いに称讃《しょうさん》され、

「そうだ。そなたの言うとおり命の長さは、吸った息が出るを待たぬ短いものだ。命の短さが身に沁《し》みて感ずるほど、人間らしい生きかたを営《いとな》むようになるのだよ」

と教戒《きょうかい》されています。

さらにブッダは、こんな例え話をされています。

❖　❖　❖

ここに、四人の弓の名手がいるとする。その四人が、東、西、南、北に向かって、一斉《いっせい》に矢を放ったとする。

名人たちの放った矢は、目にも止まらぬ速さで、東、西、南、北の、四方に飛んで行く。

同時に俊足《しゅんそく》の男が走り出し、四人の弓師が放った矢をサッと一瞬《いっしゅん》に、つかみ取ってしまったとする。この男の足は速いだろう。
しかし、それよりもなお速い、アッという間に消えるのが人間の命だよ。

私たちは自分の命が、いつ終わるか知るよしもありませんが、やがて必ず藤《ふじ》ヅルの切れる時がやってくるのです。
自己の藤《ふじ》ヅルの現状を知らないだけで、今にも切れそうな、か細い状態になっているかもしれません。

6

窮地に立った旅人

ヤレヤレこの藤《ふじ》ヅルのおかげで助かったと、一息ついた旅人が、ふと、ぶら下がっている足下を見て、アッと大きな悲鳴を上げた。

真下には怒濤逆巻《どとうさかま》く深海が広がり、激浪《げきろう》が絶えず絶壁《ぜっぺき》を洗っている。

しかも、深海の荒《あら》い波間から、青と赤と黒の三匹《びき》の毒竜《どくりゅう》が真《ま》っ赤《か》な口を上に向け、旅人の堕《お》ちてくるのを待ち構えているのを見たからである。

旅人は、あまりの恐《おそ》ろしい光景に身震《みぶる》いし、再度、藤《ふじ》ヅルを強く握《にぎ》りしめずにおれなかった。「前門《ぜんもん》の虎《とら》、後門《こうもん》の狼《おおかみ》」の諺《ことわざ》どおり、旅人は絶体絶命の窮地《きゅうち》に立たされたのである。

「どんな恐怖も、次第に薄れていく」

だが、人間の感情は、どんな窮地《きゅうち》も恐怖《きょうふ》も、時が経《た》つと共に次第《しだい》に薄《うす》れていった。

今さら騒《さわ》いでも仕方がないと、少々心が鎮《しず》まった旅人は、激しい飢餓《きが》に襲《おそ》われていた。

なにか食べ物がないかと辺《あた》りを見わたしていた旅人が、ふと頭上を見上げて、再度、驚《おどろ》くべきショックな光景を目撃《もくげき》する。

藤《ふじ》ヅルの元に白と黒のネズミが出現し、藤《ふじ》ヅルを交互《こうご》にかじりながら回っているではないか。藤《ふじ》ヅルは、まさに旅人の命綱《いのちづな》である。

このまま放置すれば、やがて白か黒のネズミに藤《ふじ》ヅルは噛《か》み切《き》られ、旅人は三匹《びき》の毒竜《どくりゅう》の餌食《えじき》になるのは必至である。

旅人は苦しい飢餓《きが》状態《じょうたい》も忘れて、ネズミの追放に追われることになった。

旅人は、まず激しく藤《ふじ》ヅルを揺《ゆ》さぶったが、藤《ふじ》ヅルをかじりながら回るネズミのテンポには、なんの変化も見られなかった。

ただ、藤《ふじ》ヅルを揺《ゆ》さぶるたびに何かがポタポタ落ちてくる。

旅人がふと手のひらで受けてみると、なんと美味《おい》しそうなハチミツだった。

藤《ふじ》ヅルの元にミツバチが巣を作っていたのだ。藤《ふじ》ヅルを激しく揺《ゆ》らしたので、その巣からミツがしたたり落ちたのである。

飢餓《きが》に苦しんでいた旅人は、ひと舐《な》めすると、たちまちハチミツの甘《あま》さに五臓六腑《ごぞうろっぷ》が溶《と》かされた。心身共にハチミツの虜《とりこ》となった旅人は、迫《せま》り来《く》る幾《いく》多《た》の危機も忘却《ぼうきゃく》し、より多くハチミツを落とせるか、より多く舐《な》めて愉《たの》しめるか、そこで旅人は完全に思考停止状態に陥《おちい》ってしまったのである。

7 白と黒のネズミ

「藤《ふじ》ヅルの元に白と黒のネズミが現れ、藤《ふじ》ヅルを交互《こうご》にかじりながら回っている」

ヤレヤレ、この藤《ふじ》ヅルのおかげで助かったと、少しは心が鎮《しず》まった旅人だったが、間もなくその藤《ふじ》ヅルの元に白と黒のネズミが現れ、藤《ふじ》ヅルを交互《こうご》にかじりながら回っているのを目撃《もくげき》して驚《おどろ》いたとは、何を例えられたのでしょうか。

昼と夜が交互に命を縮めている

白いネズミは昼を表し、黒いネズミは夜を例えられています。藤《ふじ》ヅルを交互《こうご》にかじりながら回っているとは、昼と夜が交互《こうご》に私たちの命を縮めていることの例えです。

この白と黒のネズミは正月もお盆《ぼん》も休まずに、藤《ふじ》ヅルをかじり続ける働きモノです。

この二匹《ひき》のネズミによって私たちのぶら下がっている藤《ふじ》ヅルが、ますます細くなってゆく現象は多岐《たき》にわたって現れます。

目はかすみ、耳は遠くなり、歯は抜《ぬ》ける、顔にはシワがより、髪《かみ》は白くなり、腰《こし》が曲がり、手は震《ふる》え、足はひょろつく……など、自分の体でありながら、何かと不自由になってゆきます。

果ては、どちらかのネズミによって藤《ふじ》ヅルは、噛《か》み切《き》られてしまうのです。

昼、亡《な》くなられた方は白のネズミに噛《か》み切《き》られ、夜、亡《な》くなられたのは、黒のネズミに噛《か》み切《き》られた方です。

いずれにしても最後は、白か黒か、どちらかのネズミに噛《か》み切《き》られるのです。

現在、こうしている間にも二匹《ひき》のネズミは休むことなく、私たちの細い藤《ふじ》ヅルをガリガリかじりながら、回っているのです。

時計《とけい》の秒針が時を刻むと同時に、私たちの藤《ふじ》ヅルはどんどん細まり、遅《おそ》かれ早《はや》かれ白か黒のネズミに噛《か》み切《き》られてしまうのです。

8 三匹の毒竜

「細い藤《ふじ》ヅルに、ぶら下がっている旅人の足下には、青・赤・黒の三匹《びき》の毒《どく》竜《りゅう》が、鎌首《かまくび》もたげ大きな口を開け、堕《お》ちてくる旅人を待ち構えていた」

「私たちの心には、毒を持つ三つの煩悩がある」

この「三匹《さんびき》の毒竜《どくりゅう》」とは、私たちの心の中に常に渦巻《うずま》く「三つの煩悩《ぼんのう》」を例えられたものです。

煩悩《ぼんのう》とは、文字《もじ》どおり私たちを煩《わずら》わせ悩《なや》ませ、罪や悪を造らせるものです。

ブッダは、人間は百八の煩悩《ぼんのう》を持っていると説かれています。中でも、特に罪悪を造らせ苦しませる煩悩《ぼんのう》が「三つ」あると、「欲《よく》」と「怒《いか》り」と「愚痴《ぐち》」を挙げられています。

そして、それらを「毒を持つ三つの煩悩《ぼんのう》」として「三毒《さんどく》の煩悩《ぼんのう》」といわれ、この「三毒《さんどく》の煩悩《ぼんのう》」で人間は、日々、罪や悪を造り続けていると説かれています。

心《こころ》は常《つね》に悪《あく》を思《おも》い
口《くち》は常《つね》に悪《あく》を言《い》い
体《からだ》は常《つね》に悪《あく》を行《おこな》って
かつて一善《いちぜん》もなし

（大無量寿経《だいむりょうじゅきょう》）

ブッダは、「体」や「口」や「心」の中でも、外に現れる「口」や「体」よりも、目に見えない「心」を最初に挙げられています。

なぜなら、ブッダは、常に「心」を最も重視されているからです。

「心」が命じないことは「口」は言いません。

「心」に反することには「体」は動きません。

「口」や「体」の行動は皆《みな》「心」の指示です。

犯罪行為《はんざいこうい》にも実行犯と、それを指示した黒幕がいます。問題はその黒幕にあるのです。

犯行を指示し実行させた黒幕こそが、重罪に

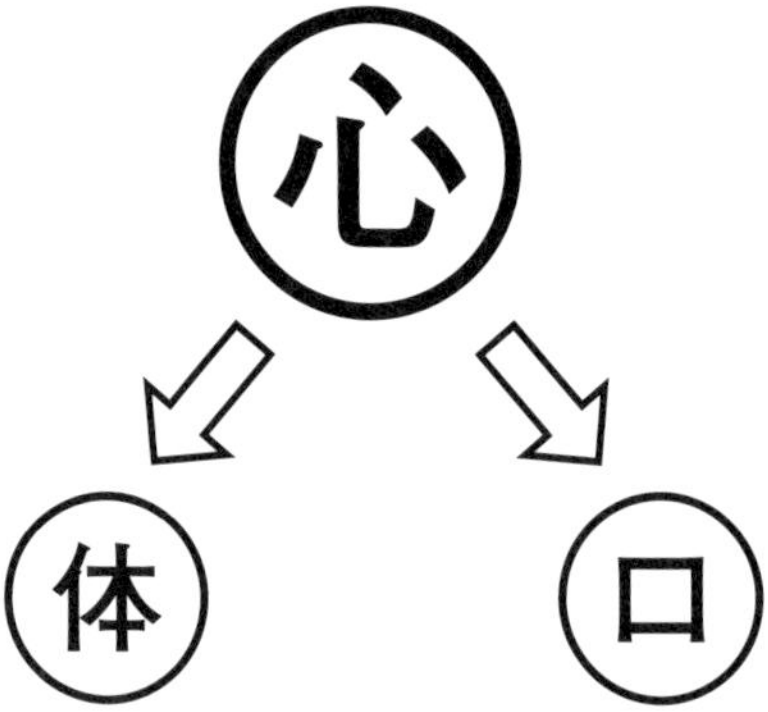

心が命じて、口や体を動かしている

問われて当然なのです。

犯行の実行犯が重罪で、指示した黒幕が無罪放免《むざいほうめん》とはならないのです。

いわば「口」や「体」は実行犯であり、指示したのは「心」なのです。

火の粉は、火の元から舞《ま》い上《あ》がります。心は火の元であり、口や体は舞《ま》い上《あ》がった火の粉のようなものです。

消火も火の元に主力がおかれましょう。

口や体の行為《こうい》は、心の表徴《ひょうちょう》なのです。

ブッダの教えが、常に心に重点がおかれるのは極《きわ》めて自然なことなのです。

ブッダは、私たちの心の中に、その「三毒《さんどく》の煩悩《ぼんのう》」のあることを指摘《してき》し、「三匹《さんびき》の毒竜《どくりゅう》」に譬《たと》えられているのです。

「三匹《さんびき》の毒竜《どくりゅう》」に譬《たと》えられている「三毒《さんどく》の煩悩《ぼんのう》」について、再度、解説しましょう。

「限りなき欲に振り回されて、苦しんでいる」

「欲《よく》」の心を「青い毒竜《どくりゅう》」に、「怒り《いか》」の心を「赤い毒竜《どくりゅう》」とし、「愚痴《ぐち》」の心を「黒い毒竜《どくりゅう》」に、例えられています。

「欲《よく》」を「青い毒竜《どくりゅう》」に例えられたのは、無ければ無いで欲《ほ》しい、有ればあったで、もっと、もっとと際限なく、深まってゆくのが欲の特徴《とくちょう》ですから、深まるほど青さを増す海に準《なぞら》えて、「欲《よく》」を青色で表されたのかもしれません。

世間を見わたせば、四方八方、限りなき欲に振《ふ》り回《まわ》されて悩《なや》み苦しみ、罪を造っている人の如何《いか》に多いことでしょう。

限りある身で限りなき欲を満たそうとすれば、我《わ》が身《み》も破滅《はめつ》し、多くの人々にも迷惑《めいわく》かけるのは必至でしょう。

私たちは我《わ》が身《み》に余裕《よゆう》のある時は、周囲の人や他人のことも考慮《こうりょ》しますが、追《お》い詰《つ》められると我利我利亡者《がりがりもうじゃ》＊の本性《ほんしょう》が噴出《ふんしゅつ》します。

多くの人らを軽視して自己の利益のみを考える、冷淡《れいたん》な心情に変質します。

こんな冷酷《れいこく》な「欲《よく》」が原因で、日々、世間でも、多くの犯罪が発生しています。

「欲望が妨げられると、怒りの炎が燃え上がる」

ブッダが、「赤い毒竜《どくりゅう》」に譬《たと》えられているのは、我《わ》が身《み》の欲望を誰《だれ》かに妨《さまた》

＊我利我利亡者……自分の利益ばかりを追い求める者。

げられると、メラメラと怒《いか》りの炎《ほのお》が燃え上がります。

「アイツのせいで大恥《おおはじ》かいた」「コイツの為《ため》に大損《おおぞん》した」と、憤怒《ふんぬ》の炎《ほのお》で身を焼きます。

腹が立つと頭に血が上り、顔が真《ま》っ赤《か》になるので「赤い毒竜《どくりゅう》」に例えられたのでしょう。

「怒《いか》りは無謀《むぼう》に始まり、後悔《こうかい》に終わる」と言われます。

怒《いか》りは、すべてのものを焼《や》き払《はら》い、焼け野原に独《ひと》り立《た》ちすくむ……ことにもなりましょう。

怒《いか》りのために言ってはならぬことを放言し、相手を傷つけ後で悔《く》やんで苦しみます。

人をねたんだり、うらんだりする醜い心

次の「黒い毒竜《どくりゅう》」は、「愚痴《ぐち》」の醜悪《しゅうあく》さを例えられたものです。俗《ぞく》にいう、ねたみ、そねみ、うらむ、心です。

「勝《まさ》るを、ねたむ」と言われるように、相手が、才能や美貌《びぼう》、金や財産、名《めい》誉《よ》や地位が優《すぐ》れていると快く思えない心です。

ライバルが脚光《きゃっこう》を浴びると、なんとなく不愉快《ふゆかい》な気持ちになります。

反面、苦難に遭《あ》って苦しんでいる人には、「お気の毒に」と慰労《いろう》の言葉をかけながら、ホッとする心がないとはいえません。

「他人の不幸は蜜《みつ》の味」と囁《ささや》かれるように、有名人のスキャンダルや、他家のいざこざを噂話《うわさばなし》にして楽しむことも、少しも不謹慎《ふきんしん》とは思ってはいません。

密《ひそ》かに他人の不幸を喜ぶ醜《みにく》い心を持っています。

ブッダは、愚痴《ぐち》は醜《みにく》い心だから「黒い毒竜《どくりゅう》」に例えられたのかもしれません。


私たちの心には、常に、この「欲《よく》」や「怒《いか》り」や「愚痴《ぐち》」の心が、蠢《うごめ》いてはいないでしょうか。

もしも自分の心が映像になったら、夫や妻、親や子供らに見せられましょうか。

誰《だれ》しも綺麗《きれい》なものなら見せたいでしょう。新車を買ったり、おしゃれな服を買ったり、新築の家を建てたりしたら、多くの人に見せたくなります。だが汚《きたな》い部屋《へや》を見せたいとは思いません。

ブッダが、恐《おそ》ろしい「欲《よく》」や「怒《いか》り」「愚痴《ぐち》」の心を、「三匹《さんびき》の毒竜《どくりゅう》」に例えられているのには敬服せずにおれません。

この「三匹《さんびき》の毒竜《どくりゅう》」によって、生みだされたものが「怒濤逆巻《どとうさかま》く深海」なのです。

怒濤逆巻《どとうさかま》く深海とは、一体、何を例えられているのでしょうか。

9 怒濤逆巻く深海

「藤《ふじ》ヅルにぶら下がっている旅人の足下には、怒濤逆巻《どとうさかま》く深海が広がっていた」

旅人は、藤《ふじ》ヅルがネズミに噛《か》み切《き》られると同時に、「怒濤逆巻《どとうさかま》く深海」に堕《お》ちてゆかねばならぬことを知って、しばらくは呆然《ぼうぜん》として身震《みぶる》いが止まらなかった。

ここで、ブッダの譬《たと》えの「三匹《さんびき》の毒竜《どくりゅう》」や「怒濤逆巻《どとうさかま》く深海」と、「三毒《さんどく》の煩悩《ぼんのう》」との関係を、ハッキリ知っていただかねばなりません。

譬《たと》えでは「三匹《さんびき》の毒竜《どくりゅう》」とか、「怒濤逆巻《どとうさかま》く深海」といわれていますが、それらを生み出したのは、すべて私たちの「三毒《さんどく》の煩悩《ぼんのう》」の仕業《しわざ》であると、説かれていることです。

されば「怒濤逆巻《どとうさかま》く深海」も、欲・怒《いか》り・愚痴《ぐち》の「三毒《さんどく》の煩悩《ぼんのう》」が生み出したものです。

「自分のやった善行は自分に善果を生みだし、
自分のやった悪行は自身に悪果を生みだす」

さらに重ねて、ブッダの教えの根幹を明確にしておかねばなりません。

ブッダの、八十年の生涯《しょうがい》、一貫《いっかん》して説かれた根幹の教えは「因果《いんが》の道理《どうり》」

でした。

因果《いんが》の道理《どうり》とは、「善因善果《ぜんいんぜんか》・悪因悪果《あくいんあっか》・自因自果《じいんじか》」の道理を言います。「善因善果《ぜんいんぜんか》」とは、善い因は善い果（結果）を生みだし、「悪因悪果《あくいんあっか》」は、悪い因は悪い果（結果）を生みだす、ということです。「自因自果《じいんじか》」とは、自らの行為《こうい》（因）の結果（果）は、自らに現れることです。

換言《かんげん》すれば、自分のやった善行《ぜんぎょう》は自分に善果を生みだし、自分のやった悪《あく》行《ぎょう》は自身に悪果を生みだすことです。

しかも、私たちの生命は幾億兆年《いくおくちょうねん》の過去から永遠の未来に至るまで「過去《かこ》世《せ》・現在世《げんざいせ》・未来世《みらいせ》」の三世《さんぜ》があると説かれています。

滔々《とうとう》と流れる大河を泳ぐ魚には、自分が大河を泳いでいる自覚は毛頭ない

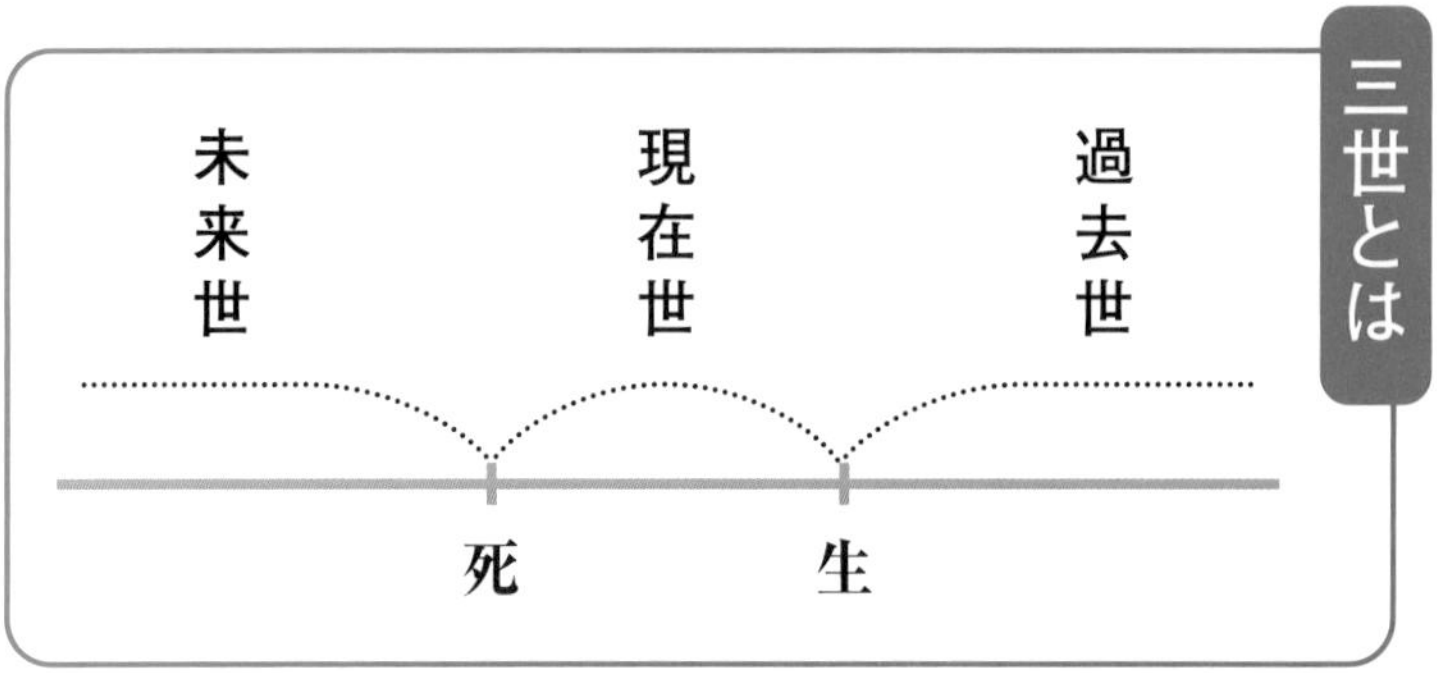

因果の道理

善因善果

因＝行為

善い因（行為）は、
善い果（幸福や楽しみ）を生みだす

悪因悪果

悪い因（行為）は、
悪い果（不幸や苦しみ）を生みだす

自因自果

自らの行為（因）の結果（果）は、
自らに現れる

でしょう。

ちょうど、大河を泳ぐ魚には大河が見えないように、この世しか分からぬ私たちには自覚はなくとも、私たちの生命は、悠久《ゆうきゅう》な過去から永遠の未来にわたって流れていると、ブッダは教えられています。

「因果《いんが》の道理《どうり》」は、三世《さんぜ》を貫《つらぬ》きますから、「三世因果《さんぜいんが》の道理《どうり》」とも言われます。

されば、ブッダの説かれる「三毒《さんどく》の煩悩《ぼんのう》」も、現在世《げんざいせ》のみのことではなく「過去世《かこせ》・現在世《げんざいせ》・未来世《みらいせ》」の三世《さんぜ》にわたってのことです。

ブッダは、さらに「三毒《さんどく》の煩悩《ぼんのう》」で造る罪悪を詳《くわ》しく十に分けて説かれています。

その「十悪《じゅうあく》」とは、欲《よく》・怒《いか》り・愚痴《ぐち》・綺《き》語《ご》・両舌《りょうぜつ》・悪口《あっこう》・妄語《もうご》・殺生《せっしょう》・偸盗《ちゅうとう》・邪淫《じゃいん》を言います。

前述のように、私たちは「三毒《さんどく》の煩悩《ぼんのう》」で、「心」では誰《だれ》にも言えない恐《おそ》ろしい悪や罪を造っています。

その「心」が「口」に表れると、綺語《きご》・両舌《りょうぜつ》・悪口《あっこう》・妄語《もうご》となり、「体」に表れると、殺生《せっしょう》・偸盗《ちゅうとう》・邪淫《じゃいん》となります。

十悪

心 …… 欲・怒り・愚痴

口 …… 綺語・両舌・悪口・妄語

体 …… 殺生・偸盗・邪淫

「言葉の魔剣で、どれだけ多くの人を、傷つけてきたか分からない」

まず、「口」の悪から検証しましょう。

綺語《きご》とは、心にもないお世辞を言って、相手を見下している不遜《ふそん》な言葉です。

両舌《りょうぜつ》は、二枚舌とも離間語《りかんご》ともいわれ、仲の良い人間関係を妬《ねた》んで、両者を切り裂《さ》き、痛快がる言葉を言います。

悪口《あっこう》とは、事実無根なことを言いふらし、気に入らぬ相手を蹴落《けお》とすことです。

妄語《もうご》は、平気でウソをつき相手を愚弄《ぐろう》し楽しむことです。

これらの言葉の魔剣《まけん》で、どれだけの人を傷つけ苦しめてきたことでしょう。「舌刀《ぜっとう》」と言われるように、舌を刀として相手を切りつけ苦しめるのです。言った人には自覚がなくても、言われた人は死ぬまで忘れず苦しみ憎《にく》むのです。

不用意に言った言葉で、どれだけ多くの人を傷つけ苦しめてきたか分かりません。「語殺《ごさつ》」と言われるように言葉で相手を殺したこともあるでしょう。

「生き物を殺さずして、生きていけない」

次に「体」で造る罪悪では、生き物を殺す殺生罪《せっしょうざい》、他人の金品を盗《ぬす》む偸盗《ちゅうとう》罪《ざい》、よこしまな恋愛関係《れんあいかんけい》の邪淫罪《じゃいんざい》などが挙げられています。

中でも殺生罪《せっしょうざい》について、検証してみましょう。

私たちは生き物を食べるのは自然の営《いとな》み、と思っています。しかし、生き物たちは決して、そうとは思っていないでしょう。

大小を問わず、どんな生き物でも死にたくないのが本能でしょう。

船上の魚がピチピチはねるのも、ニワトリが首を絞《し》められてバタバタもがくのも、死にたくないからに違《ちが》いありません。


映画や漫画《まんが》などに、時々、人間を食べる者や巨人《きょじん》が描《えが》かれます。

もし現実に私たち人間を食べなければ生きていけない怪物《かいぶつ》が出現したら、どうでしょう。

「あの怪物《かいぶつ》は、人間を食べねば生きていけないそうだから、食べてもらおう」などと言えるでしょうか。

私たちの親や子供らを美味《おい》しい美味《おい》しいと、舌鼓《したつづみ》を打って食べられたら、その怪物《かいぶつ》をどんなに憎《にく》み呪《のろ》うか分かりません。

ブッダは、すべての生命は平等であり、上下はないと説かれています。〝人命のみを尊し〟とするのは、人間勝手な言い分でしょう。

もちろん、人間たちで決めた法律では、食料として飼育された生き物ですから、罰《ばっ》せられることはありませんが、殺生《せっしょう》が恐《おそ》ろしい罪悪であることには変わりがありません。

生きるためには仕方がないと思われましょうが、常に真実を説かれた、ブッダは、明らかに恐《おそ》ろしい罪悪だと教えられています。

「肉や魚は食べてはいるが、自分が殺しているわけではない」と、釈明《しゃくめい》される方もあるでしょうが、肉や魚を好んで食べる人があるから生産者は殺しているのでしょう。

いわば、私たちが依頼《いらい》して殺させ、その肉や魚を食べて楽しんでいるのだから、自ら殺しているのと同罪だと、ブッダは言われています。

「オレは肉も魚も食べないぞ」と弁明される方もありましょう。

だが、野菜などの生産には、害虫などの駆除《くじょ》に多くの農薬が使われます。蚊《か》やゴキブリを殺すこともあれば、路上を這《は》う生き物を踏《ふ》み潰《つぶ》すことも、どれだけあるか分かりません。

殺生《せっしょう》と無関係に生きられる人があるでしょうか。

また、森林伐採《しんりんばっさい》による環境破壊《かんきょうはかい》や、二酸化炭素排出《にさんかたんそはいしゅつ》による地球の温暖化などで、どれほどの生物が死に追いやられていることでしょう。

私たちの利便な生活の裏には、多くの生物の犠牲《ぎせい》があると言っても過言ではないでしょう。殺生罪《せっしょうざい》を造らずしては、生きていけないのが私たちの実情なのです。

「浦島太郎は、本当に、
心の優しい人だったのか」

いじめられていたカメを助けたのに、竜宮城《りゅうぐうじょう》から帰ると一人ぼっちになり、もらってきた玉手箱を開けると、たちまち白髪《はくはつ》の老人になったという物語があります。

みなさんご存じの『浦島太郎《うらしまたろう》』さんです。

この話題が海外で紹介《しょうかい》されると、その教訓に戸惑《とまど》う人が続出したといわれます。

「それ何の教訓？　いじめられていても放っておけということ？」

「乙姫《おとひめ》さま（美しい女性）の誘惑《ゆうわく》に騙《だま》されるなということ？」

驚《おどろ》くような意見もあったようです。

❖　❖　❖

まずは、どんな物語だったのか。

浦島太郎《うらしまたろう》の寓話《ぐうわ》を聞いてみましょう。

漁師の浦島太郎《うらしまたろう》が、漁に行くのに浜辺《はまべ》に出かけると、大勢の子供たちにいじめられている大きなカメがいた。

かわいそうにと思った浦島太郎《うらしまたろう》は、再三再四、子供たちに放免《ほうめん》するように説得したが、子供たちは一向に聞き入れません。

そこで情け深い浦島太郎《うらしまたろう》は、子供たちに銭《ぜに》を与《あた》えてカメを買いとり海へ放してやりました。カメは、幾度《いくど》も礼を言って海中に姿を消した。

数日後、舟《ふね》を浮《う》かべて漁をしていた浦島太郎《うらしまたろう》に、先日助けたカメがポッカリと浮《う》かんで、「この前のご恩返しに今日は、良い処《ところ》へ案内いたしましょう」と、竜宮城《りゅうぐうじょう》に招待《しょうたい》され、乙姫《おとひめ》さまに迎《むか》えられた浦島太郎《うらしまたろう》は、山海の珍味《ちんみ》でもてなされ、夢のような楽しみを満喫《まんきつ》しました。

その浦島太郎《うらしまたろう》が故郷に帰って、乙姫《おとひめ》さまから贈《おく》られた玉手箱を開くと、モクモクと白煙《はくえん》が立ちのぼり、たちまち浦島太郎《うらしまたろう》は白髪《はくはつ》の老翁《ろうおう》になりました。

❖　❖　❖

この話を聞いた人たちは「私たちも浦島太郎《うらしまたろう》のように生き物をかわいがる心の優《やさ》しい人になりましょう」という教訓だろうと思います。

では、浦島太郎《うらしまたろう》は本当に生き物をかわいがる、心の優《やさ》しい人だったのでしょうか。

カメを助けたことは善いことでしょうが、彼《かれ》の肩《かた》に担《かつ》がれていたのは魚釣《うおつ》り竿《ざお》でした。これまでも何十万、何百万もの、魚の命を奪《うば》った、これからも奪《うば》うであろう魚釣《うおつ》り竿《ざお》を担《かつ》いでいる浦島太郎《うらしまたろう》は、果たして生き物をかわいがる心の優《やさ》しい善人と言えるのだろうか、と疑問を持つ人もあるでしょう。

もちろん、浦島太郎《うらしまたろう》は法律上《ほうりつじょう》の犯罪者ではありません。倫理《りんり》・道徳上では善人といえるでしょう。

ただ、人間の都合とは関係なく真実の人間像を説かれた、ブッダは、罪悪を造らずしては生きていけない人間は正真正銘《しょうしんしょうめい》の悪人だと説かれています。

たとえ、生きるためにはやむを得ないとしても、罪や悪を犯《おか》した者はその報《むく》いを受けなければなりません。

自覚なく罪悪を造りながら瞬《またた》く間《ま》に時が過ぎ去り、やがて一人ポツネンと晩年を迎《むか》えねばならぬ、そんな人間の実相を暗示しているのが浦島太郎《うらしまたろう》の物語だったのかもしれません。

「すべての人を、悪人というのはおかしいのか？」

ブッダの教えを聞きに来た小学校の校長先生があった。

この先生は、かねてから「ブッダが、すべての人を悪人というのはおかしい。こんど著名な僧侶《そうりょ》が来るなら尋《たず》ねてみよう」と心待ちにしていた。

そんなこととはツユ知らず、普段《ふだん》のように僧侶《そうりょ》は「ブッダの眼《まなこ》からご覧になれば、この世に善人は一人もいないのです。みんな悪人ばかりなのですよ」と、いつもと変わらぬ説法《せっぽう》でした。

説法《せっぽう》が終わるとすぐに僧侶《そうりょ》の控室《ひかえしつ》を訪ねた先生は、「貴僧《きそう》は先ほど、すべての人は悪人だとおっしゃったが、中には善人もいるのではありませんか。すべての人が悪人となれば学校の教師も悪人となり教育が成り立ちません。以後、ご注意いただきたい」と、苦情を述べて早々に退出しようとしました。

即座《そくざ》に僧侶《そうりょ》は、校長先生の前に手をついて、「いやー、先生のような方が参詣《さんけい》されているとは知らず、失礼なことを申し上げました。なにとぞ、ご容《よう》赦《しゃ》ください」と、深く頭を下げました。

校長先生は恐縮《きょうしゅく》して、「まあまあ、今後、あのような説法《せっぽう》をなされねば結構です」と、急いで立ち去ろうとしました。

校長先生が玄関《げんかん》を出ようとした時、僧侶《そうりょ》が「先生、ちょっとお尋《たず》ねしたいことが……」と、声をかけました。

「何でしょう?」と、立ち止まった先生に、

「先ほど先生は世の中には、善人もいれば悪人もいるのではとおっしゃいましたね」

「あぁ、それが、どうかしましたか」

「そのことで是非《ぜひ》、お尋《たず》ねしたいことがありまして。先生ご自身は善人でいらっしゃいますか、それとも悪人でいらっしゃいますか、お尋《たず》ねしたかったものですから」

校長先生は今さら悪人とは言えないし、さりとて善人とも言いはばかる、返答に窮《きゅう》している先生に「他人のことではありません。先生ご自身のことを

お尋《たず》ねしているのです」

「じゃあ、先生は、生徒にウソは善だと教えられていますか、悪だと言われていますか」

「もちろん、ウソは泥棒《どろぼう》の始まりだから、悪だと話しています」

「では先生はウソをつかれたことはございませんか」

校長先生でなくとも、ウソは誰《だれ》しも身に覚えのあることです。

「では、ケンカは善・悪、いずれだと教えられていましょうか」

「悪いに決まっています」

「それでは先生は、夫婦喧嘩《ふうふげんか》なされたことは、ございませんか」

これまた夫婦《ふうふ》の仲では日頃《ひごろ》、ありがちのことでしょう。

「生き物を殺すことは、子供たちに善だと教えていられますか、悪だと言われていますか」

「言うまでもない。悪だと教えています」

「では先生は一切《いっさい》、生き物を殺されませんか」

「それは……」と、力なく答える先生に僧侶《そうりょ》は、

「ならば先生は、ウソもケンカも殺生《せっしょう》も悪だと知りながら、日々、なされておられるのではありませんか」


日常、無自覚に重ねている悪を一つ一つ指摘《してき》されているうちに、校長先生にも反省の兆《きざ》しが見えてきました。

やがて玄関《げんかん》に座《すわ》り込《こ》み、「よくよく考えてみると気づかぬことで、どれだ

け悪を造ってきたか分かりません。先ほどのご無礼お許しくだされ」と、深く陳謝《ちんしゃ》されたといわれます。

それ以来、ブッダの教えを真剣《しんけん》に聞かれるようになったとも伝えられています。

一言で悪人と言っても法律上《ほうりつじょう》の悪人と、倫理《りんり》・道徳上の悪人と、ブッダの教えられる悪人には格段の違《ちが》いがあります。

それはちょうど、肉眼・虫眼鏡《むしめがね》・電子顕微鏡《でんしけんびきょう》の違《ちが》いと言えるかもしれません。

同じ人の手のひらでも、肉眼や虫眼鏡《むしめがね》で見たモノと、電子顕微鏡《でんしけんびきょう》で覗《のぞ》いたモノとは、大きな違《ちが》いがあるようなものです。

肉眼で見た時は「結構きれいな手のひらだなぁ」と思えても、虫眼鏡《むしめがね》で見ると「ずいぶん汚《よご》れているな」とあきれます。さらに電子顕微鏡《でんしけんびきょう》では、ウイルスやバイ菌《きん》がウヨウヨしていて驚《おどろ》くかもしれません。

人間たちで決めた法律を肉眼とすれば、倫理《りんり》・道徳の評価は虫眼鏡《むしめがね》でしょう。

それに対して、ブッダの法鏡《ほうきょう》は、正確無比に映し出す電子顕微鏡《でんしけんびきょう》ともいえましょう。

前述の、浦島太郎《うらしまたろう》の行為《こうい》も法律や倫理《りんり》・道徳の範疇《はんちゅう》からは善ですが、真実の人間像を映す、ブッダの、法鏡《ほうきょう》からは悪となるのです。

ここまで小著を熟読してくだされた方は、ブッダの「人間観」をよくご理解くだされたのではないかと思います。

「悪人は悪を行った結果、この世も苦しみ、死後も苦しむのである」

ブッダが、「旅人のすがっている藤《ふじ》ヅルが切れると同時に、怒濤逆巻《どとうさかま》く深海に堕《お》ちねばならぬ」と警鐘乱打《けいしょうらんだ》されています。

その「深い海」とは、一体、どんな深海なのでしょうか。

前述のように、この「深い海」を生み出したのは全く私たちの「三毒《さんどく》の煩《ぼん》悩《のう》」なのです。

ブッダは、そなたたちの「欲《よく》」・「怒り《いか》」・「愚痴《ぐち》」の三毒《さんどく》の煩悩《ぼんのう》が生み出した「深海」だから、当然、そなたたちの堕《お》ちねばならぬ「深海」であり、地《じ》獄《ごく》だ、と説かれています。

ブッダは、それを、こう説かれています。

悪人《あくにん》は、悪《あく》を行《ぎょう》じて、苦《く》より苦《く》に入《い》る（大無量寿経《だいむりょうじゅきょう》）

（悪人は悪を行った結果、この世も苦しみ、
死後も地獄《じごく》で苦しむのである）

では死後の地獄《じごく》とは、どんな苦しみの世界なのでしょうか。

ブッダが、ある時、大きな橋の上で辺《あた》りをはばかりながら、しきりに袂《たもと》へ石を入れている娘《むすめ》をご覧になりました。
自殺の用意に違《ちが》いないと思われたブッダは、早速《さっそく》、近寄られて優《やさ》しく事情

を聴《き》かれると、相手が、ブッダと知った娘《むすめ》は心を開いて、すべてを打ち明けました。

「お恥《は》ずかしいことではありますが、ある男を愛しましたが、その後、捨てられました。世間の目は冷たく、胎内《たいない》の子供の将来などを考えますと、死んだほうがマシかと苦しみました。どうか、このまま死なせてくださいませ」

と、娘《むすめ》は泣《な》き崩《くず》れるのでした。

哀《あわ》れに思われた、ブッダは、次のような話をされました。

❖　❖　❖

貴女《あなた》には、たとえで話そう。

ある所に、毎日、重荷を積んだ車を朝から晩まで牽《ひ》かねばならぬウシがいた。

そのウシが、つくづく思ったことがあった。

「なぜ、オレは、毎日、こんなに苦しまねばならぬのか。オレを苦しめているのは、一体、なんなのか」と考えたのだ。

「そうだ！　この車さえなければ、オレはこんなに苦しまなくてもよいのだ」

そう思ったウシは、車を壊《こわ》すことを決意する。

ある日、猛然《もうぜん》と走り出したウシは、車を大きな石にブチ当てて木《こ》っ端《ぱ》微塵《みじん》に破壊《はかい》した。

驚《おどろ》いたウシの飼い主は「こんな乱暴なウシには、もっと頑丈《がんじょう》な車でなければ、また壊《こわ》される」と、今度は鋼鉄製の車を用意したのだ。

今度の新車は、壊《こわ》した車の何十倍、何百倍も重いものだった。

その重い新車でウシは、前と同じように、毎日、重荷を積んで牽《ひ》かされ、以前よりも何十倍何百倍、苦しまなければならなくなった。

深くウシは後悔《こうかい》したが、後の祭りであった。

〝この車さえ壊《こわ》せば、こんなに苦しまなくてもよいのに〟と思ったウシと同様に、この肉体さえなくせば楽になれると、貴女《あなた》は思っているのだろう。

しかし、今の貴女《あなた》には分からないだろうが、死ねば、この世の苦しみどころではない、後生《ごしょう》は、もっともっと苦しい処《ところ》へ飛《と》び込《こ》まなければならないのだよ。

❖　❖　❖

ブッダは、ここで死後を「後生《ごしょう》」と言われています。

この娘《むすめ》への教導は、すべての人の「後生《ごしょう》」と、決して無関係ではないでしょう。

生まれた者は、必ず死にますから「後生《ごしょう》」と関係の無い人があるはずがありません。

ブッダは、その後生《ごしょう》に「一大事」があると、生涯《しょうがい》、厳しく教え続けていられます。

一体、私たちの後生《ごしょう》（死後）は、どうなるのでしょうか。

「地獄の苦しみは、どんな言葉を駆使しても表せない」

ブッダは、藤《ふじ》ヅルの切れた旅人は、必ず「怒濤逆巻《どとうさかま》く深海」に堕《お》ちると譬《たと》えられています。

「怒濤逆巻《どとうさかま》く深海」とは、この世のどんな苦しみよりも酷《ひど》い苦しみを受ける地獄界《じごくかい》を譬《たと》えたものだ、と説かれています。

死後の地獄《じごく》とは、どんな苦しみの世界なのでしょうか。

ブッダは、「地獄《じごく》の苦しみは、どんな言葉を駆使《くし》しても表せない」と言われています。

「それでは例えでなりとも……」と聞く弟子《でし》たちに、例えで答えておられます。

「朝と昼と夜の三度に、それぞれ百本の槍《やり》で突《つ》かれるのだ。その苦しみをどう思うか」と聞かれています。

「一本の槍《やり》で突《つ》かれてさえ苦しいでしょうに、一日三百本の苦しみは想像を絶します」と弟子《でし》たちが答えると、ブッダは、こぶしほどの石を一個拾われて、「この石と向こうに見える、ヒマラヤ山と、どちらが大きいか」と突拍《とっぴょう》子《し》もないことを尋《たず》ねられました。

「それはそれは、とても比較《ひかく》になりません。ケタ違《ちが》いでございます」と答えると、

「毎日、三百本の槍《やり》で突《つ》かれる苦しみを、この石だとすれば、地獄《じごく》の苦しみは、あのヒマラヤ山の如《ごと》しだ」と言われています。

私たちに地獄《じごく》の苦しみを分からせることは、犬猫《いぬねこ》にテレビやパソコンの解説をするよりも不可能であったに違《ちが》いありません。

「死んだらどうなるか」
人間の知恵では、サッパリ分からない

死後の地獄《じごく》なんて、昔ならいざ知らず、今日《こんにち》では、おとぎ話ではないかと

嘲笑《ちょうしょう》する人が多いでしょう。

そんな地獄《じごく》をおとぎ話のように思われる方のご意見は、こんな情景を想起させます。


ウナギたちの生簀《いけす》の中での会話です。

❖ ❖ ❖

「なんて今日は、騒《さわ》がしいのだろう」

「今日は丑《うし》の日《ひ》とかといって、オレたちが人間どもに食われる日だそうな」

「えっ、そんな恐《おそ》ろしい人間というものがいるのか。信じられんなぁ」

「そんなこと言ったって、オレらは人間どもの餌食《えじき》になっているそうだ」

「誰《だれ》か戻《もど》ってきて、そんなこと言ったものがいるのか」

「そら、またアイツ捕《と》らえられて、どこかへ連れてゆかれたではないか」

「あれは、散歩にでも行ったのでないか。そのうちに帰ってくるさ」

「捕《と》らえられると、頭に錐《きり》を立てられ、背中を断《た》ち割《わ》られ三つに切られて串《くし》刺《ざ》しにされ、火あぶりだそうだ。どんなに怨《うら》み呪《のろ》っても、言葉が通じない。料理している奴《やつ》も鬼《おに》なら、食べている奴《やつ》も鬼《おに》。八《や》つ裂《ざ》きにして食うそうな。帰れるはずがないではないか」

❖　❖　❖

もちろん、ウナギと人間は大違《おおちが》いだが、人間の知恵《ちえ》では、「死んだら、どうなるか」サッパリ分かりません。

そこで、いろいろな異見が噴出《ふんしゅつ》します。

「死んだら地獄《じごく》で鬼《おに》に責めたてられる。そんなバカなことがあるものか。鬼《おに》でも蛇《じゃ》でも連れてこい。オレが捻《ひね》りつぶしてやる。地獄《じごく》とか鬼《おに》とか、誰《だれ》か見てきた者がいるのか。体は焼けば灰になり、魂《たましい》も同時に消えてしまうだけだ。

バカげたことにクヨクヨせずに、飲んで騒《さわ》いで楽しんだら、それで良いのだ」

「死んだら死んだ時さ。極楽《ごくらく》には滅多《めった》に往《ゆ》く者がいないそうだから、道には草が生えている。地獄《じごく》には連れが多いから道に草がないそうだ。草の多い方へ行けば極楽《ごくらく》に往《ゆ》けるそうな」

「地獄《じごく》へ行ってもオレ一人ではないのだ。多くの連れと一緒《いっしょ》だから賑《にぎ》やかではないか」などなどです。

しかし、大船が沈没《ちんぼつ》し溺《おぼ》れている者が多いから、オレも溺《おぼ》れてもなんともない、と言えるでしょうか。

世間には、津波《つなみ》にさらわれた人、火災で焼死《しょうし》した人、大事な主人を失った人、独《ひと》り子《ご》を亡《な》くした人、破産した者など、苦しんでいる人が多いのだから賑《にぎ》やかでいいじゃないかと言っておれるでしょうか。

死ぬことを他人事《ひとごと》のように思っている時は、「死ぬことなんて、なんともない」と放言していた人でも、一緒《いっしょ》に暮らしていた人が突然死《とつぜんし》すると「あの人は何処《どこ》へ行ったのだろう。二度とあの人には会えないのか。一体、人間は、何処《どこ》から来て何処《どこ》へ行くのだろうか」と、人生の根源的疑問が湧《わ》いてくるのです。

「セミは春秋《しゅんじゅう》を知らず」で、セミの知恵《ちえ》では、春も秋も分かりませんが、人間の知恵《ちえ》では大体知られます。

「死後は、どうなるか」、有るのか、無いのか、有るなら、どんな処《ところ》か、私たちの知恵《ちえ》では全く分かりません。

だが仏智《ぶっち》を体得された、ブッダには、明らかに知らされたのでしょう。

ある時、ブッダに、弟子《でし》たちが尋《たず》ねています。

「ブッダは、仏《ほとけ》のさとりを開かれていますから、何も苦しみになることはないでしょう」

ブッダの返答は、こうだった。

「わが身には、なんの苦悩《くのう》もなければども、唯苦《ただ》になることが、一つある。刻々と地獄《じごく》の苦が近づいている身でありながら、どんなに説得するも後生《ごしょう》の一大事《いちだいじ》に驚《おどろ》かず、降る雨の如《ごと》くに地獄《じごく》に堕《お》つる姿が映る。それが、わが苦しみである」

世間では、地獄《じごく》と聞くとトラの皮のフンドシの鬼《おに》や、湯玉《ゆだま》たぎる釜《かま》などを連想して、おとぎ話と一笑《いっしょう》に付《ふ》すのは、ブッダの説かれている地獄《じごく》の実態をご存じないからだと思われます。

ブッダが「地獄《じごく》」と言われるのは、説くこともできぬ激しい苦しみの世界のことです。

昔のインドの言葉では「ナラカ」といい、中国で「地獄《じごく》」と訳されました。今日《こんにち》は、日本でも「借金地獄《しゃっきんじごく》」と言われたり、悲惨《ひさん》な惨状《さんじょう》を「阿鼻叫喚地獄《あびきょうかんじごく》」と表現されます。

されば地獄《じごく》は遠い何処《どこ》かにあるのではなく、残酷《ざんこく》な激しい苦しみの状態を言うのです。

ブッダは、地獄《じごく》は現在にも、死後にも存在すると説かれています。

では、そんな地獄《じごく》はどうして生み出されるのでしょうか。

古歌には、このように詠《よ》まれています。

「火の車　造る大工は　なければども
己《おの》が造りて　己《おの》が乗りゆく」

ここで「車」と言われているのは、昔の「荷車」のことです。当時の荷車は木製で、大工さんが造っていました。

「火の車」は、そんな大工さんの造った車ではないけれど、自分の造った火の車に、自分で乗り込《の》み《こ》、火に焼かれて苦しんで行くのだと、「己《おの》が造りて、己《おの》が乗りゆく」と、詠《よ》まれているのです。

「自分自身の行った罪悪が、悪因悪果《あくいんあっか》で、火の車（地獄《じごく》）を生み出し、その火の車に自らが乗り込《の》み《こ》、苦しんでいかねばならないのだよ」と諭《さと》されているのです。

地獄《じごく》と聞くと何処《どこ》かにあるように思われますが、自分の犯《おか》した悪の行為《こうい》が生み出したものです。

非常に苦しい状態を地獄《じごく》と言われますが、地獄《じごく》は、自分（自）の犯《おか》した悪い行為《こうい》（業《ごう》）が生みだした、苦しみ（苦）の世界だから、漢字三字で、「自《じ》業苦《ごく》」とも言われます。

ブッダの教えに、**「自業自得《じごうじとく》」**という言葉があります。

「自業《じごう》」とは、自分の業《ごう》（行為《こうい》）のことです。「自得《じとく》」とは、自分の行為《こうい》によって得たもの（結果）を言います。

されば「自業自得《じごうじとく》」とは、自分（自）の行為《こうい》によって得た結果をいいます。

世間でも「あんな乱れた生活じゃ、病気になるのは自業自得《じごうじとく》だよ」「勉強せずに遊んでばかりいたから、落第するのは自業自得《じごうじとく》だ」などと言われます。

ブッダの教えでは、自分に現れた結果で自業自得《じごうじとく》でないものは何もないのです。

自分に現れたすべての結果は自業自得《じごうじとく》なのです。

「怒濤逆巻《どとうさかま》く深海」も、旅人の欲や怒《いか》りや愚痴《ぐち》の「三毒《さんどく》の煩悩《ぼんのう》」が生み出したものであり、ブッダの譬《たと》えでは「三匹《さんびき》の毒竜《どくりゅう》」が生み出したのが「深い海」であり、地獄《じごく》なのです。

10

五滴のハチミツ

旅人の頭上には、トラが文字通《もじどお》り虎視眈々《こしたんたん》と、旅人を狙《ねら》っている。

旅人のぶら下がっている藤《ふじ》ヅルの真下には、怒濤逆巻《どとうさかま》く深海が広がり、波間からは、三匹《びき》の毒竜《どくりゅう》が真《ま》っ赤《か》な口を開け、旅人の堕《お》ちてくるのを待っている。

藤《ふじ》ヅルの元には、白と黒のネズミが藤《ふじ》ヅルを交互《こうご》にかじりながら回っている。

藤《ふじ》ヅルはやがて、どちらかのネズミに噛《か》み切《き》られる瞬間《しゅんかん》が近づいていた。

このような状況下《じょうきょうか》で旅人は、どう考え、何を思案していたのだろうか。

人間の感情は、どんな恐怖《きょうふ》も危機感も時の流れと共に薄《うす》れてゆく。

今さらジタバタ騒《さわ》いでも仕方がないと、諦《あきら》めかけていた旅人だが、白と黒のネズミの行動だけは一刻の放置も許されなかった。

まさに藤《ふじ》ヅルは、旅人の命綱《いのちづな》である。旅人は早急《さっきゅう》に、ネズミの追放に全力あげねばならなかったのです。


まず旅人は藤《ふじ》ヅルを力一杯《ちからいっぱい》揺《ゆ》さぶったが、藤《ふじ》ヅルをかじり回るネズミのテンポには、いささかの変化も見られない。

反応といえば、藤《ふじ》ヅルを揺《ゆ》さぶるたびに、身辺にポタポタと落ちてくるモノがあった。ネズミの糞尿《ふんにょう》かと、初めは思いながらも、旅人が手のひらで受けてみると、なんとハチミツではないか。
藤《ふじ》ヅルの元に、ミツバチが巣を作っていたのだ。
あまりに激しく藤《ふじ》ヅルを揺《ゆ》らしたので、その巣から滴《した》り落《お》ちたミツだったのである。

「食欲、財欲、色欲、名誉欲、睡眠欲の
五つの欲には、魔力がある」

飢餓状態《きがじょうたい》に苦しんでいた旅人は、ひと舐《な》めしたハチミツの美味《おい》しさに五臓《ごぞう》六腑《ろっぷ》は溶《と》かされ、彼《かれ》は陶酔《とうすい》した。
心身ともに、ハチミツの虜《とりこ》となった旅人は、足元に迫《せま》っている危機的状況《ききてきじょうきょう》もすべて忘却《ぼうきゃく》し、もっとハチミツを落とすには？　もっとハチミツを舐《な》めるには？　旅人の胸中には、それしかなくなっていた。

まさに、五滴《てき》のハチミツの魔力《まりょく》である。


ブッダが、魔力《まりょく》を持つ五滴《てき》のハチミツに例えられたのは一体、なんだったのでしょう。それは、食欲《しょくよく》、財欲《ざいよく》、色欲《しきよく》、名誉欲《めいよよく》、睡眠欲《すいみんよく》の五欲《ごよく》と説かれています。


第一の、**食欲**《しょくよく》とは、食べたい、飲みたい心のことです。少しでも美味《おい》しい物が食べたい、飲みたい欲望を言います。

旅行の愛好者は多いでしょう。

観光や温泉も魅力《みりょく》でしょうが、ホテルや旅館の珍味《ちんみ》な食事が、旅行の醍醐《だいご》味《み》ではないでしょうか。

〝好きなモノを食べ、飲みたいモノを飲んで死ねるなら本望《ほんもう》じゃないか〟と、一同を笑わせる人もあるくらいです。

第二の、**財欲**《ざいよく》とは、金銭や財産を増やしたい欲望です。どうすれは、もっと儲《もう》かるか。儲《もう》け話《ばなし》や資産運用、節税対策などに懸命《けんめい》です。預金残高の増加を確認《かくにん》して微笑《ほほえ》む心です。欲《ほ》しかったマイホーム、新車や洋服、カバンや靴《くつ》などが、入手できると嬉《うれ》しい心です。

第三の、**色欲**《しきよく》とは、愛欲とも性欲とも言われ、異性との恋愛《れんあい》を求める欲望です。

男女の求愛はもちろん、不倫《ふりん》や三角関係の色恋沙汰《いろこいざた》で、盗《と》った、盗《と》られたの、愛憎《あいぞう》の拗《こじ》れから、古来、残虐非道《ざんぎゃくひどう》な事件が絶えません。好きな男女が接触《せっしょく》を求める心を言われます。男女の仲で日々、渦巻《うずま》いている心です。

第四の、**名誉欲**《めいよよく》とは、褒《ほ》められたい、認められたい、評価されたい心です。コンクールなどで入賞、○○の大会で優勝、大衆の前での表彰《ひょうしょう》なら、天下を取ったようになる心です。

難関の試験を突破《とっぱ》して「凄《すご》いな」と称賛《しょうさん》されたり、役職の地位が上がり、周囲から祝福されれば満面笑顔《えがお》になりましょう。

第五の、**睡眠欲**《すいみんよく》は、眠《ねむ》たい、楽がしたい、面倒《めんどう》なことはしたくない心です。目覚ましが鳴っても、あと五分でもベッドにいたいと起床《きしょう》を渋《しぶ》ることもあります。

現今は電化製品で、料理や洗い物、掃除《そうじ》や洗濯《せんたく》などは、大変、楽になりました。これらも面倒《めんどう》なことは避《さ》けたいという欲望が、考案し進歩させたものと言えましょう。

考えてみれば、政治、経済、科学、医学、その他の営《いとな》みは、皆《みな》、私たちの五欲《ごよく》を追求するものばかりと言えるかもしれません。

しかしブッダは、日々、どう生きれば、どんな生き方をすれば五欲《ごよく》のハチミツを多く舐《な》められるかで、常に頭がいっぱいなのが旅人（人間）だと、強く反省を促《うなが》していられるのです。

「言葉を尽くして一大事を説けども、信用する者少なし」

無論、ブッダは、五欲《ごよく》を満たす楽しみを全面否定されているのではありません。

ただ、旅人である私たちが、白と黒のネズミが交互《こうご》にかじりながら回っている細い藤《ふじ》ヅルにぶら下がりながら、足下の怒濤逆巻《どとうさかま》く深海も忘れて、五滴《てき》のハチミツしか頭にないのは、大変、危険で恐《おそ》ろしいことではないかと、ブッダは、「人間《にんげん》の実相《じっそう》」の譬《たと》えで警告されているのです。

世人《せにん》薄俗《はくぞく》にして、共《とも》に不急《ふきゅう》の事《こと》を諍《あらそ》う（大無量寿経《だいむりょうじゅきょう》）

（世の人々は、目先のハチミツばかりに心を奪《うば》われ、後生《ごしょう》の一大事《いちだいじ》を知らない）

大命《だいみょう》、将《まさ》に終《お》わらんとして、悔懼《けく》交至《こもごもいた》る（大無量寿経《だいむりょうじゅきょう》）

（いよいよ藤《ふじ》ヅルが切れると堕《お》ちてゆく深海の懼《おそ》れと、ハチミツに心を奪《うば》われてきた、後悔《こうかい》が起きるが、遅《おそ》いのだ）

ブッダは、警鐘乱打《けいしょうらんだ》されているのです。

細い藤《ふじ》ヅルにぶら下がりながら、旅人はハチミツを舐《な》めるのに夢中になり、やがて、白と黒のネズミに藤《ふじ》ヅルは噛《か》み切《き》られ、怒濤逆巻《どとうさかま》く深海へ堕《お》ちてゆかねばならない大事を、ブッダは、「後生《ごしょう》の一大事《いちだいじ》」と言われています。その上で、こう悲嘆《ひたん》なされています。

教語開示《きょうごかいじ》すれども、信用《しんよう》する者《もの》は少《すく》なし。
生死休《しょうじや》まず、悪道絶《あくどうた》えず
（大無量寿経《だいむりょうじゅきょう》）
（言葉を尽《つ》くして一大事を説けども、信用する者少なしで、抜苦与楽《ばっくよらく》の人なしである）

ブッダは、深く憂慮《ゆうりょ》されているのです。

第3章

絶望の闇を破る光あり

細い藤ヅルにぶら下がりながら、ハチミツに心を奪われている旅人を救うには

ブッダの譬《たと》えはあまりにも絶望的で、なんの救いもなかったと、思われた方があったかもしれません。

しかし、ブッダが、これほどまでに赤裸々《せきらら》に人間の実相を露《あら》わにされたのは、決して人類を絶望の淵《ふち》に突《つ》き落《お》とすためではなかったのです。

ちょうどそれは、医師が重症患者《じゅうしょうかんじゃ》の精密検査の結果を詳《くわ》しく患者《かんじゃ》や家族に説明するのと同様に、今後の患者《かんじゃ》の治療方針《ちりょうほうしん》に理解と協力を得るには必要不

可欠であったからでしょう。

だから医師は、今後の患者《かんじゃ》の治療方法《ちりょうほうほう》や薬物の指導などを詳細《しょうさい》にしてくれるのです。

決して患者《かんじゃ》の病状を大まかに、告げるだけの医師はいないのです。

ブッダが、私たちの実相を赤裸々《せきらら》に描写《びょうしゃ》し、日々万人《ばんにん》に迫《せま》っている後生《ごしょう》の一大事《いちだいじ》のあることを詳細《しょうさい》に説かれたのは、その対処法をよくよくご存じだったからです。

ブッダは、すべての人々が今生《こんじょう》で後生《ごしょう》の一大事《いちだいじ》を解決し、無上の幸福になれる道を伝えんと、壮大《そうだい》な出世《しゅっせ》の本懐《ほんがい》＊に突《つ》き進《すす》まれたのです。

それでは、今にも切れそうな細い藤《ふじ》ヅルにぶら下がっていながら、五滴《てき》の

＊出世の本懐……この世に生まれた目的。

ハチミツに心を奪《うば》われているような旅人を救う対処法とは、一体、どんなことであったのでしょうか。

ブッダは、出世《しゅっせ》の本懐《ほんがい》の『大無量寿経《だいむりょうじゅきょう》』に、簡潔に漢字八字で明快に説かれています。**「一向専念《いっこうせんねん》　無量寿仏《むりょうじゅぶつ》」**の断言です。

「一向専念《いっこうせんねん》　無量寿仏《むりょうじゅぶつ》」とは、「無量寿仏に一向専念せよ《むりょうじゅぶつにいっこうせんねん》」との厳命です。

まさに「一向専念《いっこうせんねん》　無量寿仏《むりょうじゅぶつ》」の八字は、ブッダの、生涯《しょうがい》説かれた「一切経《いっさいきょう》」の結論であり、ブッダの、最も肝心《かんじん》な教えだと、親鸞聖人《しんらんしょうにん》も断定されています。

一体、ブッダの「一向専念《いっこうせんねん》　無量寿仏《むりょうじゅぶつ》」のお勧《すす》めとは、どんなことなのでしょうか。

「一向専念《いっこうせんねん》　無量寿仏《むりょうじゅぶつ》」のお勧《すす》めを簡明に言えば「ただ無量寿仏一仏《むりょうじゅぶついちぶつ》に、心を集中し、無量寿仏《むりょうじゅぶつ》のみを、一途《いちず》に念じなさい」との教えです。

では「無量寿仏《むりょうじゅぶつ》」とは、どんな仏《ほとけ》なのでしょうか。

これぞ「阿弥陀仏《あみだぶつ》」の別名なのです。世間では、ブッダ（釈迦《しゃか》）も、阿弥《あみ》陀仏《だぶつ》も、同じ仏《ほとけ》のように思われていますが、全く違《ちが》った仏《ほとけ》なのです。

ブッダ（釈迦《しゃか》）は、二千六百年前、インドに生まれ、地球上で唯一人《ただひとり》、仏《ほとけ》のさとりを開かれた方です。

そのブッダが、つねに「阿弥陀仏《あみだぶつ》は、私の師匠《ししょう》である」と、最も尊敬されているのが、阿弥陀仏《あみだぶつ》です。

ブッダは、また「宇宙には地球のような世界が無数に存在し、地球に私（ブッダ）が生まれたように、宇宙には数え切れない仏《ほとけ》がおられる。阿弥陀《あみだ》仏《ぶつ》は、それら諸仏《しょぶつ》の師匠《ししょう》でもあるのだよ」と言われています。

されば、大宇宙の無数の諸仏《しょぶつ》たちも、すべて阿弥陀仏《あみだぶつ》のお弟子《でし》であり、地球に現れたブッダ（釈迦《しゃか》）も、阿弥陀仏《あみだぶつ》のお弟子《でし》の一人だから、阿弥陀仏《あみだぶつ》とブッダは師弟《してい》の関係なのです。

その証《あかし》には、ブッダの説かれた経典《きょうてん》には、阿弥陀仏《あみだぶつ》を賛嘆《さんだん》する諸仏《しょぶつ》の声が、多く聞かれることでも頷《うなず》けましょう。

阿弥陀仏《あみだぶつ》は、諸仏《しょぶつ》の中《なか》の王《おう》なり（大阿弥陀経《だいあみだきょう》）

（阿弥陀仏《あみだぶつ》は、諸仏《しょぶつ》の王様である）

諸仏光明《しょぶつこうみょう》の王《おう》、光明《こうみょう》の中《なか》の最極尊《さいごくそん》なり（平等覚経《びょうどうがくきょう》）

（阿弥陀仏《あみだぶつ》のお力は諸仏《しょぶつ》の中で最高である）

ブッダだけではなく、大宇宙の諸仏《しょぶつ》たちが、「我らの師」と、阿弥陀仏《あみだぶつ》を敬慕《けいぼ》されているのです。もちろん、それには訳《わけ》があります。阿弥陀仏《あみだぶつ》には、ブッダをはじめ宇宙の諸仏《しょぶつ》たちにはない、偉大《いだい》なお徳があるからです。

そのズバ抜《ぬ》けたお徳に対して、阿弥陀仏《あみだぶつ》には、幾多《いくた》の尊号《そんごう》（別名）が付けられています。中でも有名なのが「無量寿仏《むりょうじゅぶつ》」の名称《めいしょう》です。されば、ブッダの「一向専念《いっこうせんねん》　無量寿仏《むりょうじゅぶつ》」のお勧《すす》めは「ただ阿弥陀仏一仏《あみだぶついちぶつ》に、心を集中し、阿弥陀仏《あみだぶつ》のみを、一途《いちず》に念じなさい」とのお勧《すす》めになるのです。

今にも切れそうな細い藤《ふじ》ヅルにぶら下がりながら、五滴《てき》のハチミツに酔《よ》い痴《し》れている旅人を救うには、ブッダの力でも、十方諸仏方《じっぽうしょぶつがた》の力でも、絶対不可能だったのです。

「そんな、すべての仏方《ほとけがた》から、見捨てられ、怒濤逆巻《どとうさかま》く深海に堕《お》ち、三匹《びき》の毒竜《どくりゅう》の餌食《えじき》にならねばならぬ旅人を救えるのは、阿弥陀仏《あみだぶつ》しかないのだから、唯《ただ》、阿弥陀仏一仏《あみだぶついちぶつ》に向かって、一途《いちず》に念じなさい」と、ブッダは、生涯《しょうがい》、勧《すす》めていかれたのです。

生存中に、絶対の幸福に救い、必ず極楽浄土へ往ける身にさせる

今までの旅人の言動を知るまでもなく、人間の実相を詳細《しょうさい》に観察され、こんなに愚《おろ》かで罪深い人たちを救う能力は、十方諸仏《じっぽうしょぶつ》には無いことを、よくよくご承知の阿弥陀仏《あみだぶつ》は、「我《われ》ひとり、助けん」と、超世《ちょうせ》の大願《だいがん》をおこされたのが、有名な「阿弥陀仏《あみだぶつ》の本願《ほんがん》」なのです。

その阿弥陀仏《あみだぶつ》の本願《ほんがん》には、

「どんな人でも、生存中の一念《いちねん》に、後生《ごしょう》の一大事《いちだいじ》を解決し絶対の幸福に救い、必ず極楽浄土《ごくらくじょうど》へ往《ゆ》ける身にさせる」

と誓《ちか》われています。

人間の約束には裏切られることもありますが、阿弥陀仏《あみだぶつ》の誓約《せいやく》には裏切りはありません。

若《も》し誓約《せいやく》を果たすことができなければ、この弥陀《みだ》は仏《ほとけ》の座《ざ》から下りましょう、とまで断言されています。

そして阿弥陀仏《あみだぶつ》は、自らの誓約《せいやく》を果たせる力がある「南無阿弥陀仏《なむあみだぶつ》」の六字の名号《みょうごう》を創《つく》られたのです。

蓮如上人《れんにょしょうにん》は、「それ南無阿弥陀仏《なむあみだぶつ》と申す文字《もんじ》は、その数わずかに六字なれば、さのみ功能《くのう》のあるべきとも覚えざるに、この六字の名号《みょうごう》の中《うち》には、無上《むじょう》甚深《じんじん》の功徳利益《くどくりやく》の広大なること更《さら》に、その極《きわ》まりなきものなり」
（『御文章《ごぶんしょう》』五帖目十三通）

蓮如上人《れんにょしょうにん》が「無上甚深《むじょうじんじん》の功徳利益《くどくりやく》」と言われている六字の「南無阿弥陀《なむあみだ》仏《ぶつ》」の働きとは、「破闇満願《はあんまんがん》」のことです。

「破闇《はあん》」とは闇《やみ》を破り大安心にする働きです。

「満願《まんがん》」とは願を満たし満足させることです。

旅人の、いつ切れるか分からぬ藤《ふじ》ヅルの不安も安心させ、藤《ふじ》ヅルが切れて堕《お》ちる処《ところ》は極楽浄土《ごくらくじょうど》と明らかに安心できるのです。

ゆえに、細い藤《ふじ》ヅルにぶら下がり、五滴《てき》のハチミツに酔《よ》い痴《し》れている者であろうとも、ブッダは、生涯《しょうがい》、阿弥陀仏《あみだぶつ》の本願《ほんがん》を説くことを出世《しゅっせ》の本懐《ほんがい》となされたのです。

世《よ》に出興《しゅっこう》する所以《ゆえん》は、（中略）群萌《ぐんもう》を救《すく》い恵《めぐ》むに、
阿弥陀仏《あみだぶつ》の本願《ほんがん》を以《もっ》てせんと欲《ほっ》してなり
（大無量寿経《だいむりょうじゅきょう》）

このブッダの言葉を解説すれば、
「私が、この世（地球上）に生まれたのは、阿弥陀仏《あみだぶつ》の本願《ほんがん》を説き、すべての人を絶対の幸福に救うためだった」との表白です。

釈迦弥陀《しゃかみだ》は慈悲《じひ》の父母《ふぼ》
種々《しゅじゅ》に善巧方便《ぜんぎょうほうべん》し
われらが無上《むじょう》の信心《しんじん》を
発起《ほっき》せしめたまいけり
（親鸞聖人《しんらんしょうにん》の和讃《わさん》）

「阿弥陀仏《あみだぶつ》の本願《ほんがん》」とは、どんなお約束か。どうすれば無上の幸福に救われるのか。

ブッダは、八十年の生涯《しょうがい》、これらについて、語り続け、説き続けられました。

「人間に生まれたことは、とても有り難く、
素晴らしいことなのだよ」

そのブッダの教え（仏教）の門前に立つ私たちに、今も語り続けていられる、ブッダの尊い遺訓があります。

人身《じんしん》受《う》け難《がた》し　今已《いますで》に受《う》く
仏法《ぶっぽう》聞《き》き難《がた》し　今已《いますで》に聞《き》く

ブッダが「人身《じんしん》受《う》け難《がた》し」と言われるのは、すべての人に、人間に生まれた意義を質《ただ》されているのです。

人間に生まれたことを別に、なんとも思わなかったり、苦しい時は恨《うら》んだり、後悔《こうかい》したりしていませんか。それではもったいない限りだよ。人間に生まれたことは、とても有《あ》り難《がた》く、素晴《すば》らしいことなのだよ、と、ブッダが、諭《さと》されているのが「人身《じんしん》受《う》け難《がた》し」の遺訓なのです。

ブッダは、ある時、お弟子《でし》たちと、こんな問答をなされています。

弟子《でし》の阿難《あなん》に、「そなたは人間に生まれたことを、どう思っているか」と尋《たず》ねられると、「大変、喜んでおります」と阿難《あなん》が答えると、ブッダは、こんな話をされました。

「果てしない海の底に、目の見えないカメがいた。その盲亀《もうき》が百年に一度、浮《う》かび上《あ》がって海面に頭を出すことがあった。

大海には、一本の丸太ん棒が浮《う》いている。

丸太ん棒の真ん中あたりに小さな穴が開いていた。丸太ん棒は風のまにまに、西へ東へ、南へ北へと漂流《ひょうりゅう》している。

阿難《あなん》よ。百年に一度、海面に浮《う》かび上《あ》がる盲亀《もうき》が、浮《う》かび上《あ》がった拍子《ひょうし》に丸太ん棒の穴に、ヒョイと頭を突《つ》っ込《こ》むことがあると思うか」

阿難《あなん》は、即座《そくざ》に「とても、そんなことは考えられません」と答えると、

「絶対にないと言い切れるか」

ブッダが、再度聞かれると「何億年かける何億年には、あるかもしれませ

ん。しかし、無いといってもよいくらい有《あ》り難《がた》いことだと思います」と答えると、ブッダは、「阿難《あなん》よ、人間に生まれることは、盲亀《もうき》が丸太ん棒の穴に頭を突《つ》っ込《こ》むことが有るよりも、難しいことなんだよ。実に有《あ》り難《がた》いことなんだ」と言われています。（雑阿含経《ぞうあごんきょう》）

「有《あ》り難《がた》い」とは、「有《あ》ることが難《かた》い」ことで、めったにないことを言います。

ブッダは、また、次のような信《しん》じ難《がた》い教戒《きょうかい》をされています。

人間界《にんげんかい》に生《う》まれる者《もの》は、爪《つめ》の上《うえ》の土《つち》のごとし。

三途《さんず》に堕《お》ちる者《もの》は、十方《じっぽう》の土《つち》のごとし（涅槃経《ねはんぎょう》）

（人間に生まれる者は爪《つめ》の上の砂のように少なく、三途《さんず》〔地獄《じごく》・餓鬼《がき》・畜生《ちくしょう》〕の苦界《くかい》に生まれる者は宇宙の砂の数ほど多い）

と説かれています。

地獄界《じごくかい》・餓鬼界《がきかい》・畜生界《ちくしょうかい》などと聞いても、私たちの想像できるのは、せいぜい「畜生界《ちくしょうかい》」ぐらいでしょう。

畜生界《ちくしょうかい》は、動物や虫などの境界《きょうがい》をいいます。現在、地球上で名のついている生き物は、百七十五万種以上もあると言われます。

未知のものを含《ふく》めると、三千万種を超《こ》えると推測されています。

その中の一つ、アリだけとっても二京《けい》＊匹になり、人類の二百万倍を超《こ》えると言われます。

仮に、これらの畜生界《ちくしょうかい》だけと比較《ひかく》しても、いかに人間界《にんげんかい》に生まれることが有《あ》り難《がた》いことかが窺《うかが》えます。

しかも、ブッダは、この畜生界《ちくしょうかい》よりも、餓鬼界《がきかい》や地獄界《じごくかい》で苦しんでいるものが多く、人間界《にんげんかい》に生を受けることは極《きわ》めて稀《まれ》なのだよ、とも説かれていま

＊京……１京は、１兆の１万倍。

す。

「人身《じんしん》受《う》け難《がた》し」は、私たちが仏縁《ぶつえん》*にあう第一の難関ともいえましょう。

今生こそ苦界から離脱するチャンスなのだ

次の「仏法《ぶっぽう》聞《き》き難《がた》し、今已《います》に聞《き》く」とは、どんなことを言われたのでしょうか。

「仏法《ぶっぽう》聞《き》き難《がた》し」とは、仏法《ぶっぽう》（阿弥陀仏《あみだぶつ》の本願《ほんがん》）を聞くことは、過去世《かこせ》からの仏縁《ぶつえん》がなければ、絶対にあり得ないことだと説かれています。

ブッダは、阿弥陀仏《あみだぶつ》の本願《ほんがん》を聞こうと思う心の起きる不思議さを、こんな例えで説かれています。

「ヒマラヤ山の頂上から、糸を垂らして、その糸を、麓《ふもと》の針の目を通すより

＊仏縁……仏法を聞く機会。阿弥陀仏とのかかわり。

も難しいことなのだよ」と言われています。

手に持っている針の目に、糸を通すのでさえ難儀《なんぎ》なのに、八千メートルを超《こ》す山頂から垂らした糸を、麓《ふもと》の、針の目を通すなどは、絶対不可能と言っても過言ではないでしょう。

世間には、せっかく、有《あ》り難《がた》い人間界《にんげんかい》に生まれながら、ブッダの教え（仏法《ぶっぽう》）に無縁《むえん》の方の、いかに多いことでしょうか。

たまたま、ブッダの教え（仏法《ぶっぽう》）と宣伝しながら、ブッダの教えの一部を指して「これが仏法《ぶっぽう》だ」と吹聴《ふいちょう》しているものばかり。

ブッダの、出世本懐《しゅっせほんがい》である阿弥陀仏《あみだぶつ》の本願《ほんがん》が、正統に説かれているのは、雨夜《あまよ》の星《ほし》より少ないようです。この悲惨《ひさん》な現状を見聞きするたびに、「仏法《ぶっぽう》聞《き》き難《がた》し」の、ブッダのご遺訓が、つくづく心に浸透《しんとう》します。

まさに「仏法聞き難し《ぶっぽうききがた》」は、私たちの仏縁《ぶつえん》の第二の難関ともいえましょう。

ここまで小著とのご縁《えん》があり、聞《き》き難《がた》い、ブッダの教え（阿弥陀仏《あみだぶつ》の本願《ほんがん》）を聞かれている人は、よほど、仏縁《ぶつえん》の深い方々に違《ちが》いありません。

ブッダは、幾多《いくた》の難関を突破《とっぱ》されてきた皆《みな》さんの仏縁《ぶつえん》を祝福され、次のように激励《げきれい》されています。

この身《み》、今生《こんじょう》に向《む》かって度《ど》せずんば、
さらにいずれの生《しょう》に向《む》かってか、この身《み》を度《ど》せん
（生《う》まれ難《がた》い人間界《にんげんかい》に生を受けた今生《こんじょう》で救われねば、
どの境界《きょうがい》で救われようか。チャンスは、今しかないのだよ）

ブッダは、「今生《こんじょう》こそ苦界《くかい》から離脱《りだつ》するチャンスなのだよ」と、声を枯《か》らして励《はげ》まされている尊いお言葉なのです。

ブッダの激励《げきれい》を聞かれた読者の中には、「オレは、もう高齢《こうれい》だ。何を言われても手遅《ておく》れだ」と、諦《あきら》め気分《きぶん》の方もあるでしょう。

だが、年齢《ねんれい》や能力などとは、全く関係なく、聞く一つで絶対の幸福に救ってくださるのが、阿弥陀仏《あみだぶつ》の本願《ほんがん》なのです。

ブッダは、阿弥陀仏《あみだぶつ》の救いについて、簡単明瞭《かんたんめいりょう》、以下のように励《はげ》ましていられます。

諸有衆生《しょうしゅじょう》　聞其名号《もんごみょうごう》
信心歓喜《しんじんかんぎ》　乃至一念《ないしいちねん》　（大無量寿経《だいむりょうじゅきょう》）

ブッダの、このお言葉を平易に言えば、「どんな人も阿弥陀仏《あみだぶつ》の創《つく》られた南無阿弥陀仏《なむあみだぶつ》の御心《みこころ》を聞く一念《いちねん》に、無上の幸福になれるのだよ」と、優《やさ》しく説かれています。

「一念《いちねん》」とは、一秒よりも短い時間のことですから、いま臨終の人も救われ、死ねば極楽《ごくらく》へ往《ゆ》けるのだ、と断言されています。阿弥陀仏《あみだぶつ》の救いは一念《いちねん》ですから、毛頭手遅《もうとうてお》くれということはないのです。

だから、ブッダは、阿弥陀仏《あみだぶつ》の本願《ほんがん》を聞くこと一つを勧《すす》めていかれたのです。

「この世から永遠の幸福になることこそが、
人間に生まれた唯一の目的なのだよ」

最後に、人間に生まれた目的を示唆《しさ》された、ブッダの、有名なエピソードを紹介《しょうかい》して、筆を擱《お》きたいと思います。

ブッダは、誕生されると同時に、東・西・南・北の四方に向かって、それぞれ七歩ずつ歩かれ、右手で天を指し、左手で地を指して、**「天上天下《てんじょうてんが》唯我独尊《ゆいがどくそん》」**と宣言されたと伝えられています。

さすがの、ブッダでも、生まれたばかりの赤《あか》ん坊《ぼう》が歩いたり、言葉を発せられたとは思えませんが、ブッダの生涯《しょうがい》の教えを示唆《しさ》する話題として経典《きょうてん》に記されています。

まず、四方に向かって七歩ずつ歩かれたことについては、深い意味があると言われています。

ブッダは生涯《しょうがい》、苦悩《くのう》の絶えない迷いの世界を、六つに分けて教えられています。

地獄道《じごくどう》・餓鬼道《がきどう》・畜生道《ちくしょうどう》・修羅道《しゅらどう》・人間界《にんげんかい》・天上界《てんじょうかい》の六つの世界です。

これを「六道《ろくどう》」とか、「六界《ろっかい》」と言われます。ブッダは、私たちの永遠の生命は、この六界《ろっかい》を無限に生死を繰《く》り返《かえ》し、苦しんできたと説かれています。これを仏教では「六道輪廻《ろくどうりんね》」と言われます。

私たちが人間として生まれてきた究極の目的が、この六道輪廻《ろくどうりんね》の苦悩《くのう》からの離脱《りだつ》とすれば、「七歩」の象徴《しょうちょう》は極《きわ》めて妥当《だとう》ではないかと思われます。


では、その時、ブッダが宣言なされたと伝えられる「天上天下《てんじょうてんが》　唯我独《ゆいがどく》尊《そん》」とは、何を意味するのでしょうか。

「天上天下《てんじょうてんが》」とは、天の上にも天の下にもで〝宇宙広しといえども〟となるでしょう。

次の「唯我独尊《ゆいがどくそん》」は、「ただ我独《われひと》り尊《とうと》し」と勝手に解釈《かいしゃく》して、威張《いば》っている人などを「あいつは唯我独尊《ゆいがどくそん》だ」などと、尊大な意味に使われているようですが、誤解されている仏教用語の一つといえましょう。

ブッダの宣言された「唯我独尊《ゆいがどくそん》」は、それとは全く異なる意味だと思われます。

「実《みの》るほど　頭《こうべ》の下《さ》がる　稲穂《いなほ》かな」

と詠《よ》まれるように、徳の高潔な方ほど態度は低く、言葉使いも丁重《ていちょう》なもの。ましてや、ブッダが、横柄《おうへい》な言葉を使われるとは思えません。

ブッダの「唯我独尊《ゆいがどくそん》」の「我《が》」とは、我々《われわれ》ということで、すべての人を言われています。

「独尊《どくそん》」とは、二つとない、ただ独《ひと》つの尊い使命のことでしょう。

されば「唯我独尊《ゆいがどくそん》」とは、「我々《われわれ》人間は、ただ独《ひと》つの尊い使命を果たすために生まれてきたのである」という、新生な宣言なのです。

では、私たちが人間に生まれた、ただ独《ひと》つの尊い使命とは一体、なんでしょう。

それは、阿弥陀仏《あみだぶつ》の本願《ほんがん》を聞き開き、この世から絶対の幸福に救われ、地獄《じごく》・餓鬼《がき》・畜生《ちくしょう》・修羅《しゅら》・人間《にんげん》・天上界《てんじょうかい》の苦悩《くのう》の世界から、永遠に脱出《だっしゅつ》することです。

ブッダは、六つの苦界《くかい》で、阿弥陀仏《あみだぶつ》の本願《ほんがん》を聞き開き、出世《しゅっせ》の本懐《ほんがい》を遂《と》げられるのは、人間界《にんげんかい》に生まれた者だけだと励《はげ》まされています。

「阿弥陀仏《あみだぶつ》の本願《ほんがん》を聞信《もんしん》して、この世から永遠の幸福になることこそが、人間に生まれた唯一《ゆいいつ》の目的なのだよ」

ブッダは生涯《しょうがい》教え続けていかれたことでした。

阿弥陀仏《あみだぶつ》の本願《ほんがん》に救われ、無上の幸福になった世界をよく「大海《たいかい》」に例えられます。

果てしなく広くて深い大海は、万川《ばんせん》が最終に流入する故郷なのです。

数ある山頂に降った雨水も、流れ流れて、一時は、溜《た》め池《いけ》や湖に滞留《たいりゅう》しても、やがては必ず、大海に流《なが》れ込《こ》むのです。

私たちも、さまざまな紆余曲折《うよきょくせつ》があろうとも、阿弥陀仏《あみだぶつ》の本願《ほんがん》を聞き開き、必ず、光明《こうみょう》の広海《こうかい》に流《なが》れ込《こ》むことがあるのだよ、と、ブッダは、今も叫《さけ》び続《つづ》けていられるのです。

万川《ばんせん》も、ひとたび大海に流入すれば、一味《いちみ》になるように、阿弥陀仏《あみだぶつ》の本願《ほんがん》に救《すく》い摂《と》られれば、人種、貧富《ひんぷ》、能力などとは関係なく、一味平等《いちみびょうどう》の幸福に生かされるのです。

では、「どうすれば、その大海に流入できるの？」と、不安になられる方もあるでしょうが、ここまで小著を熟読なされた方ならば、もう海辺に降った雨水のように、無上の幸福に生かされる大海は、目前に迫《せま》っています。

振《ふ》り返《かえ》れば、人生にも山あり、谷ありで、数々のドラマがあったであろうと思われます。

楽しかったこと嬉《うれ》しかったこと、幸せだなぁと、独《ひと》り微笑《ほほえ》んだこともあったでしょう。

その逆に、苦しみ、悲しみの涙《なみだ》の淵《ふち》に喘《あえ》いだことも、幾度《いくど》もあったであろうと推察します。それらの苦難に耐《た》えて、やっとやっと乗《の》り越《こ》えて来られた方もありましょう。

「もっと、あの時、こうしておけばよかった」「これだけ耐《た》えてきたことに、一体、どんな意味があったのか」と、反省したり、悔《く》やんだりされている方もありましょう。


しかし、それらの一切《いっさい》は、人間に生まれた唯一《ゆいいつ》の目的を果たす道程であり、ムダは一つもないのだよ、と、ブッダは、優《やさ》しく見守ってくだされています。

この瞬間《しゅんかん》も、一人ひとりが、阿弥陀仏《あみだぶつ》の無量《むりょう》の光明《こうみょう》に照らされて、確実に無碍《むげ》の大道《だいどう》へと進んでいられる主人公なのです。

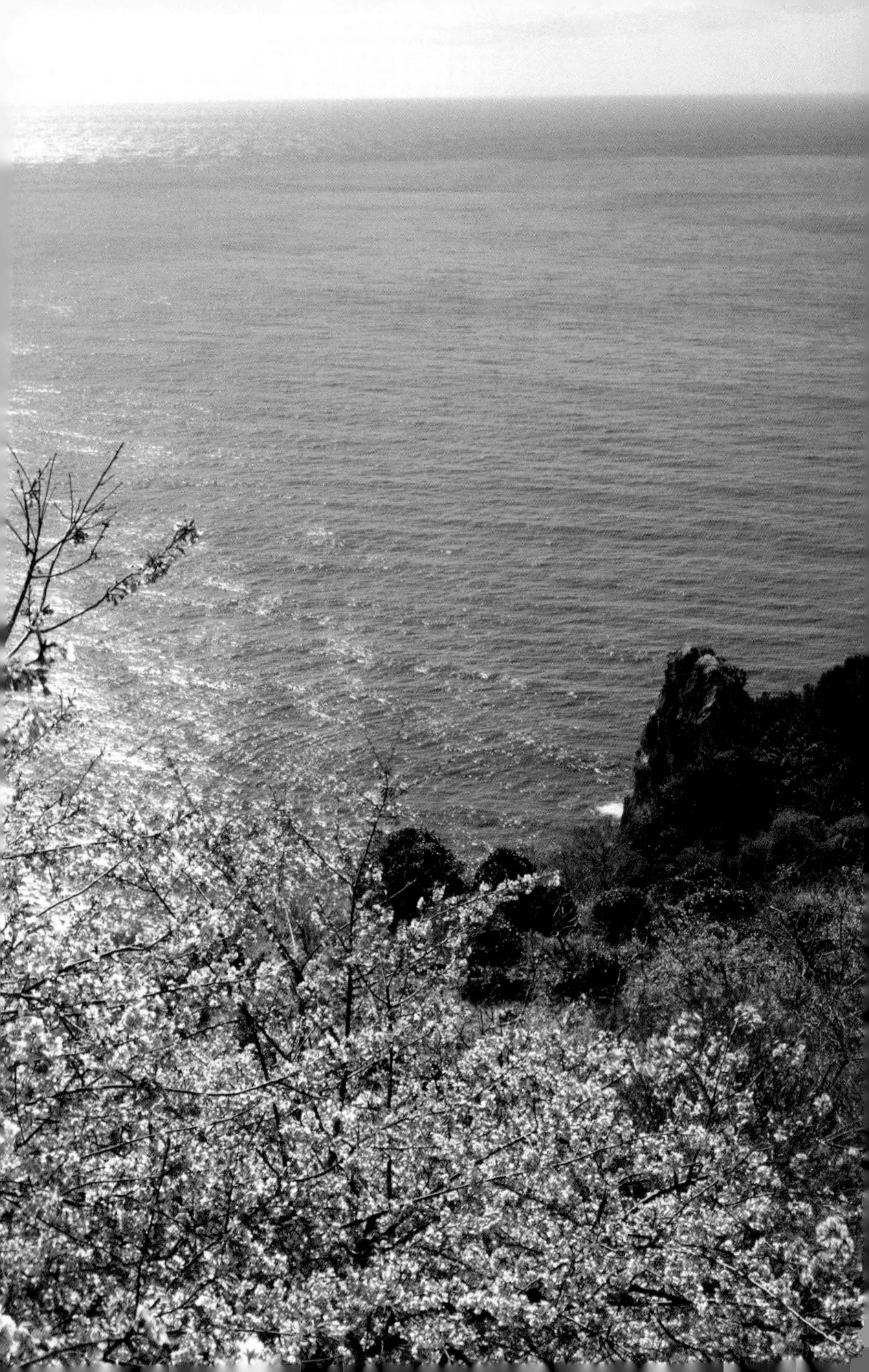

後記

ブッダとは、どんな方であったのか

ブッダは、今から約二千六百年前、インドのカピラ城の城主、浄飯王《じょうぼんおう》とマーヤー夫人《ぶにん》の長男として生まれ、幼少はシッタルタ太子《たいし》といわれました。

幼い時から非常に聡明《そうめい》で、学問も武芸も国一番の名師に学ばれましたが、たちまち師匠《ししょう》たちが「もう私たちの教えることが無くなりました」と、辞任を申し出たというエピソードは有名です。

少年時代から思慮深《しりょぶか》く、冷静な太子《たいし》は、ある日、鳥が虫を啄《ついば》むのを見て弱肉強食の世を知り、他を犠牲《ぎせい》にしなければ生きてはいけない現実に、深く心を痛められました。

「老、病、死を超えた幸せを求めて」

太子《たいし》が成長された、ある日、外出しようと城門を出られた時のエピソードがあります。

まず「東の門」を出られると、顔はシワだらけで、腰《こし》が曲がり、手は震《ふる》え、杖《つえ》をついてヨロヨロと歩く、老人を見て驚《おどろ》かれました。

「誰《だれ》もが今は若くても、やがて醜《みにく》く衰《おとろ》えて、邪魔者《じゃまもの》あつかいにされる時が来るのだ」と知らされ、太子《たいし》は暗澹《あんたん》たる気持ちになられます。

次に「西の門」を出られた太子《たいし》は、止まらぬ咳《せき》に顔をゆがめ、苦しそうに息をする病人を目撃《もくげき》されて、「今の健康も、一時の安心にすぎないのか」と、強いショックを受けられました。

さらに「南の門」より出られた太子《たいし》は、葬儀《そうぎ》の列に遭遇《そうぐう》、目前でピクリとも動かぬ遺体を見て「今は王子としてチヤホヤされている我《わ》が身《み》も、やがて必ず、死んでいかねばならぬのか」と愕然《がくぜん》とされるのでした。

最後に「**北の門**」を出られた太子《たいし》は、すがすがしい修行者《しゅぎょうじゃ》の姿を見て、「老いと、病と、死を超《こ》えた、幸せを求めることこそが、私の進むべき道ではなかろうか」と、痛感されたといわれます。

これらの出来事は、シッタルタ太子《たいし》の「四門出遊《しもんしゅつゆう》」と言われ、広く世に知られています。

城中では目に触《ふ》れなかった老人や、病人、死人を見られた太子《たいし》は、「どんなに健康、地位、名誉《めいよ》、才能、財産に恵《めぐ》まれていても、所詮《しょせん》は、老いと病と死によって見捨てられる時が来るのだ。どんな幸福も続かない」と知らされ、心からの安心も満足もなかったのでしょう。

宮殿《きゅうでん》に帰還《きかん》された太子《たいし》は、その夜、ふと眼《め》を覚ますと、昼間は着飾《きかざ》り舞《ま》い踊《おど》っていた美女たちの、淫《みだ》らな情景が散乱していました。しおらしくて上品な昼間の美しさとは裏腹に、あられもない姿に、騙《だま》されていた自身に愕然《がくぜん》とされました。

あらゆる娯楽《ごらく》も同様に、一時のごまかしにすぎないのだと気づかれた太子《たいし》は、ついに出城を決意し奥山《おくやま》深く入られたのです。シッタルタ太子《たいし》、二十九歳の時でした。

それから六年、真の幸福を求める太子《たいし》の前人未到《ぜんじんみとう》の難行苦行《なんぎょうくぎょう》が始まりました。

そしてついに、菩提樹《ぼだいじゅ》の下で「仏《ほとけ》」という無上のさとりを開かれたのです。

一口で「さとり」と言っても、仏教には低い「さとり」から最高の「さとり」まで、五十二位《い》の違《ちが》いがあります。これを「さとりの五十二位《い》」といわれます。

たとえば、大相撲《おおずもう》でも序ノ口、幕下、大関、横綱《よこづな》などの違《ちが》いがあるように、さとりにも、五十二の名称《めいしょう》があります。

仏教では、五十二のさとりの最高位を「無上覚《むじょうかく》」とも「仏覚《ぶっかく》」とも言われます。

この「無上覚《むじょうかく》」のさとりを開いた方のみを「仏《ほとけ》」とか「ブッダ（仏陀《ぶった》）」と言われるのです。

仏《ほとけ》のさとりを開けば幸福の真理を体得します。真理といっても「水は水素と酸素からできている」といった科学的真理や、「1＋1＝2」という数学的真理などもありますが、仏教で言われる真理は、すべての人が絶対の幸福になれる真理をいいます。

登山にたとえると一合目よりも二合目、二合目よりも三合目と、登るほどに展望が開け、頂上に登りつめると四方八方を見渡《みわた》すことができるように、無上覚《むじょうかく》まで到達《とうたつ》した方だけが幸福の真理のすべてを体現できるのです。

地球上に今日《こんにち》まで、膨大《ぼうだい》な数の人が生まれ、死んでいったでしょうが、仏覚《ぶっかく》まで到達《とうたつ》されたのは釈迦《しゃか》（ブッダ）一人です。

ゆえに通常、ブッダと言えば釈迦《しゃか》のことです。

仏教では「さとり」が一段違《ちが》うと、人間と虫けらほど知恵《ちえ》に差があるといわれます。

こんな話があります。

ある夏の日、一匹《ぴき》のセミが梅の木にとまって、同じ木の梅の実なのに大きいのやら小さいの、丸いものやら凹《へこ》んだもの、みんな形が違《ちが》っているのを見て「納得《なっとく》できぬ」と不思議そうに言いました。

「六月頃《ごろ》、地中から這《は》い出《だ》したお前には夏のことしか分からないだろう。お前が地中にいた春という季節には、この木は白い花でいっぱいだった。ハチやチョウが飛んできて荒《あ》らされた花は小さな実となり、荒《あ》らされなかった花が大きな実になったのだ」と、セミに、どんなに丁寧《ていねい》に説明しても「そんな馬鹿《ばか》な！」と、通じなかったといいます。

「セミは春秋《しゅんじゅう》を知らず」で、地上に出て七日間しか生きられぬセミに、春や秋の話をしてもムダでしょう。

ましてや「冬になると雪というものが降ってくるんだよ」と話しても、聞く耳もたないでしょう。

「さとり」が一段違《ちが》うと、人間とセミほど知恵《ちえ》に差があるのですから、一段のさとりも得ていない私たちの知恵《ちえ》と、五十二段も上の、ブッダの智恵《ちえ》とは格段の相異があって当然なのです。

仏教では人間を「凡夫《ぼんぶ》」といいますから、人間の知恵《ちえ》を「凡智《ぼんち》」といいます。

それに対して、仏《ほとけ》（ブッダ）の智恵《ちえ》を「仏智《ぶっち》」といわれます。

仏智《ぶっち》を体得されたブッダは、「大宇宙には地球のようなものが無数に存在する」と説かれています。晴天の夜空を見上げると満天にキラメク星が見えます。

私たちの住む地球は、太陽を中心に、水星、金星、火星、木星などの惑星《わくせい》が回っている、太陽系宇宙の一つといわれます。

そんな太陽系宇宙が二千億ほど集まっている世界を銀河系宇宙といい、銀河系宇宙が千億以上、大宇宙には存在すると天文学ではいわれています。

ブッダは、地球のようなものが千個集まっている世界を「小千世界《しょうせんせかい》」といい、小千世界《しょうせんせかい》が千個集まっている世界を「中千世界《ちゅうせんせかい》」。そんな中千世界《ちゅうせんせかい》が千個集まった世界を「大千世界《だいせんせかい》」と呼ばれています。ブッダは、これらを総じて「三千大千世界《さんぜんだいせんせかい》」と説かれています。今日《こんにち》の天文学を言葉を換《か》えて説かれていたのです。

コペルニクス*が、「地球を含《ふく》めてすべての惑星《わくせい》が太陽のまわりを回っている」と地動説を唱えた時、世界では「地球は静止していて、すべての天体が回っている」と、天動説が信じられていました。その二千年以上も前に、こんな宇宙観が説かれていたとは驚《おどろ》きです。

＊コペルニクス（1473〜1543）

「経典は、ブッダの講演集」

ブッダが三十五歳でさとりを開かれてから、八十歳で亡《な》くなるまでの四十五年間、ブッダは仏智《ぶっち》で体得された真理を伝えるためにインドの各地で、数多くの講演をされました。

その講演を多くの弟子《でし》たちが、書き残したのが今日《こんにち》の「経典《きょうてん》」（一切経《いっさいきょう》）と言われるものです。『大無量寿経《だいむりょうじゅきょう》』『法華経《ほけきょう》』『般若心経《はんにゃしんぎょう》』などは、それらの経典《きょうてん》の名称《めいしょう》です。

ブッダの説かれた「経典《きょうてん》」は、七千余巻もあり総称《そうしょう》して「一切経《いっさいきょう》」と言われています。いわば「一切経《いっさいきょう》」は、ブッダ一代の「講演集」と言われましょう。

小著の最初のページのカラーの絵は、ブッダの講演集の中の『譬喩経《ひゆきょう》』に説かれている内容を描《えが》いたものです。

あとがき

「無碍《むげ》の一道《いちどう》」に生きる

——人生の目的と歎異抄——

親鸞聖人《しんらんしょうにん》は人生究極の目的は、
一切《いっさい》が障《さわ》りとならぬ
「無碍《むげ》の一道《いちどう》」の幸福者になることであると
『歎異抄《たんにしょう》』に説かれています。

「無碍《むげ》の一道《いちどう》」に生かされた人には
「天地の神々も敬って頭を下げ、
悪魔《あくま》や外道《げどう》も妨《さまた》げることができなくなるのである」
と説かれています。

『歎異抄《たんにしょう》』は広く読まれている名著ですが、
どんな著書なのでしょうか。
『歎異抄《たんにしょう》をひらく』で詳《くわ》しく解説したいと思います。

著者識《しる》す

画

茂本 ヒデキチ（しげもと ひできち）

昭和32年、愛媛県生まれ。

大阪芸術大学デザイン学科卒業。

現在、同大客員教授。

デザイナー、フリーイラストレーターを経て、墨絵アーティストとして活躍。日本の伝統的な画材「墨」によるドローイングを得意とし、スピード感あるタッチでミュージシャン、黒人、アスリートなどのモチーフを描いた作品は、国内をはじめニューヨークでも話題を呼び、海外からのオファーも多い。

個展やイベント会場で、ライブペイントも行い、短時間で複数枚の紙に同時に墨絵を描くスタイルを生み出した。

装丁・デザイン　遠藤和美

写真　サクラ（静岡県南伊豆町）
提供：アマナイメージズ

著 者
高森 顕徹（たかもり けんてつ）
昭和４年、富山県生まれ。
龍谷大学卒業。
日本各地や海外で講演、執筆など。
著書『光に向かって100の花束』『歎異抄をひらく』など多数。

人生の目的　旅人は、無人の広野で猛虎に出会う

令和５年(2023) ７月28日　第１版　第１刷発行
令和６年(2024) ４月１日　第１版　第８刷発行
令和６年(2024) ４月23日　第２版　第１刷発行
令和６年(2024) ８月15日　第２版　第５刷発行

著 者　高森 顕徹

発行所　株式会社 １万年堂出版
〒101-0052 東京都千代田区神田小川町2-4-20-5F
電話 03-3518-2126　FAX 03-3518-2127
https://www.10000nen.com/

印刷所　TOPPANクロレ株式会社

 ISBN978-4-86626-090-7 C0095

歎異抄《たんにしょう》をひらく

高森顕徹 著

善人なおもって往生を遂ぐ、いわんや悪人をや（第三章）

（善人でさえ浄土へ生まれることができる、ましてや悪人は、なおさらだ）

なぜ、善人よりも悪人なのか。

『歎異抄』には、親鸞聖人の衝撃的な言葉が数多く記されています。それは、世界の哲学者・文学者にも多大な影響を与えたものばかりです。『歎異抄』の謎が解けた時、私たちの幸せ観、人間観、仏教観は、一変するでしょう。

【主な内容】

- 「弥陀の救いは死後である」の誤解を正された、親鸞聖人のお言葉
- 「念仏さえ称えていたら助かる」の誤解を正された、親鸞聖人のお言葉
- 弥陀に救われたらどうなるの？万人の問いに親鸞聖人の回答
- 「南無阿弥陀仏」ってどんなこと？「他力の念仏」の真の意味を明らかにされた、親鸞聖人のお言葉

◎定価1,760円（本体1,600円＋税10%） 四六判 上製

360ページ　ISBN978-4-925253-30-7 オールカラー

無人島に、1冊もっていくなら『歎異抄』

大反響！　読者からのメッセージ

入院中に、友人からいただきました。

絶望の中、先を考える力がなくなった時に、読みました。不思議でした。本当の桜の花が心の中に見えました。何回か読むのをやめましたが、やっぱり読みました。すると、桜が咲きます。不思議。生きていることを感じています。

（45歳・女性　熊本県）

今までの人生観が一八〇度変わった。生きていく希望が見いだせた思いがした。

（61歳・男性　鳥取県）

『人生の目的』を三回読んだあと、以前から関心のあった『歎異抄をひらく』を手に取りました。難しそうな言葉もありましたが、心に響き、残ってゆく言葉が多くありました。この本にめぐり会えたことに感動しています。文字の大きさもありがたいです。

（75歳・女性　福岡県）

もう何十年も前に、「無人島に一冊だけ本を持っていくなら『歎異抄』だ」という司馬遼太郎の言にふれて、人生、ある時期に達したら『歎異抄』を読みたいと、ずっと思っていました。私のあこがれの書でした。じっくり読み返したいです。

（70歳・男性　東京都）